# 1 一般《いっぱん》動詞（規則動詞）の過去形



★「〜しました」…動詞に ed か d をつける

ここ大事！

〈現在の文〉 I play soccer every d

↓

〈過去の文〉 I **play**ed soccer yesterday. 私は昨日サッカーをしました。

**規則動詞の過去形**

| | | |
|---|---|---|
| たいていの語 | ed をつける | played 遊んだ　walked 歩いた |
| e で終わる語 | d だけをつける | used 使った　lived 住んだ |
| 〈子音字＋ y〉で終わる語 | y を i にかえて ed | studied 勉強した　tried 試した、努力した<br>carried 運んだ　cried 泣いた |
| 〈短母音＋子音字〉で終わる語 | 子音字を重ねて ed | stopped 止めた　planned 計画した<br>dropped 落ちた |

過去を表す語句
yesterday（昨日）
then（そのとき）
last ～（この前の～）
～ ago（～前に）

やってみよう

**1** 次の動詞の過去形を、＿＿＿＿に書きましょう。

(1) wash ＿＿＿＿　(2) look ＿＿＿＿　(3) study ＿＿＿＿

(4) close ＿＿＿＿　(5) cry ＿＿＿＿　(6) want ＿＿＿＿

**2** 各文の文末に（　　）内の語句を加えて過去の文にして、全文を書きましょう。

(1) We watch TV.（last night）

＿＿＿＿＿＿＿＿＿＿＿＿＿＿＿＿

(2) Tom carries the big box.（yesterday）

＿＿＿＿＿＿＿＿＿＿＿＿＿＿＿＿

(3) My uncle lives in Nara.（five years ago）

＿＿＿＿＿＿＿＿＿＿＿＿＿＿＿＿

□ wash［ワッシュ］洗う　□ close［クロウズ］閉める　□ want［ワント］ほしい　□ watch［ワッチ］見る
□ night［ナイト］夜　□ last night　昨夜　□ big［ビッグ］大きな　□ box［バックス］箱　□ uncle［アンクル］おじ
□ year［イア］年　□ ago［アゴウ］～前に

解答 → P.85



何問できた？

9 問中　　　問

# 2 一般《いっぱん》動詞（不規則動詞）の過去形

月　日

★ 不規則動詞…過去形が不規則に変化するもの。１つずつ覚える！

| 原形 | 過去形 | 原形 | 過去形 |
|---|---|---|---|
| get 得る | got | write 書く | wrote |
| come 来る | came | eat 食べる | ate |
| go 行く | went | have 持っている | had |
| make 作る | made | see 見る、会う | saw |
| do する | did | take とる | took |
| meet 会う | met | run 走る | ran |
| swim 泳ぐ | swam | say 言う | said |
| buy 買う | bought | read 読む | read ［レッド］ |
| find 見つける | found | put 置く | put |
| leave 去る | left | teach 教える | taught |

**1** 次の動詞の過去形を、＿＿＿に書きましょう。

(1) run ＿＿＿＿　(2) make ＿＿＿＿　(3) read ＿＿＿＿

(4) eat ＿＿＿＿　(5) swim ＿＿＿＿　(6) see ＿＿＿＿

**2** 各文の文末に（　）内の語句を加えて過去の文にして、全文を書きましょう。

(1) He teaches English at a high school. (last year)

＿＿＿＿＿＿＿＿＿＿＿＿＿＿＿＿＿＿＿＿

(2) We buy a lot of books. (yesterday)

＿＿＿＿＿＿＿＿＿＿＿＿＿＿＿＿＿＿＿＿

(3) Jane goes to the park. (many years ago)

＿＿＿＿＿＿＿＿＿＿＿＿＿＿＿＿＿＿＿＿

(4) Mana comes to my house. (yesterday evening)

＿＿＿＿＿＿＿＿＿＿＿＿＿＿＿＿＿＿＿＿

□ high school　高校　□ a lot of ～　たくさんの～　□ book［ブック］本　□ park［パーク］公園
□ many［メニィ］たくさんの　□ house［ハウス］家　□ evening［イーヴニング］夕方、晩

解答 ➔ P.85

10問中　　問

# 3 一般《いっぱん》動詞の過去の否定文

月　日

ここ大事!

★ 一般動詞の過去の否定文…〈主語＋didn't[did not]＋動詞の原形 ～.〉

〈ふつうの文〉He played soccer. 彼《かれ》はサッカーをしました。

↓

〈否定文〉He **didn't** play soccer. 彼はサッカーをしませんでした。

did not = didn't　…動詞は原形に

確認 didn't[did not] を使ったあとには、必ず動詞の原形がくる。
He didn't[did not] ×played soccer.

規則動詞、不規則動詞に関係なくこの形!

**1** 次の文を否定文に書きかえるとき、＿＿＿に適する語を短縮形で書きましょう。

やってみよう

(1) I ate breakfast this morning.

I ＿＿＿ ＿＿＿ breakfast this morning.

(2) Ken read this book yesterday.

Ken ＿＿＿ ＿＿＿ this book yesterday.

**2** (　　) 内の語句を並べかえて、正しい英文にして全文を書きましょう。

(1) He ( not / the event / come / did / to ) last month.

＿＿＿＿＿＿＿＿＿＿＿＿＿＿＿＿

(2) We ( any / take / didn't / pictures / at ) the zoo.

＿＿＿＿＿＿＿＿＿＿＿＿＿＿＿＿

(3) ( didn't / a / brother / bike / my / have ) at that time.

＿＿＿＿＿＿＿＿＿＿＿＿＿＿＿＿

□ breakfast［ブレックファスト］朝食　□ this morning　今朝　□ event［イヴェント］行事　□ last month　先月
□ any［エニィ］（否定文で）1つも〔1人も〕（～ない）　□ take a picture　写真をとる　□ zoo［ズー］動物園
□ brother［ブラザァ］兄、弟　□ bike［バイク］自転車　□ at that time　そのとき、当時

解答 ➔ P.85



何問できた?

5 問中　　問

# 4 一般《いっぱん》動詞の過去の疑問文

月　　日

★ 一般動詞の過去の疑問文…〈 Did＋主語＋動詞の原形 ～? 〉

〈ふつうの文〉　Emi played tennis. エミはテニスをしました。

↓ Did を主語の前に

〈疑問文〉　**Did** Emi play tennis **?** エミはテニスをしましたか。

動詞は原形に　　　クエスチョンマークに

〈答え方〉　Yes, she **did**. ／ No, she **didn't**[**did not**].

はい、しました。　／　いいえ、しませんでした。

確認 答えの文の主語は代名詞（he や she など）にすることを確認しよう。

**1** 次の文を疑問文に書きかえるとき、______に適する語を書きましょう。

(1) Yui helped her mother this morning.

______ Yui ______ her mother this morning?

(2) She wrote this book.

______ she ______ this book?

**2** 正しい問答文になるように、______に適する語を書きましょう。

(1) ______ you go to school by train yesterday?

— ______, I did.

I ______ to school by train with Emi yesterday.

(2) ______ your sister make this doll last night?

— No, she ______.

She ______ it last month.

□ help［ヘルプ］助ける、手伝う　□ mother［マザァ］母　□ school［スクール］学校　□ by［バイ］～で（手段）
□ train［トゥレイン］電車、列車　□ with［ウィズ］～といっしょに　□ sister［スィスタァ］姉、妹　□ doll［ダル］人形

解答 ➜ P.85



何問できた?

4 問中　　問

# 5 be 動詞の過去形

月　　日

★ be 動詞の過去形…「～でした、～にいました〔ありました〕」

**be 動詞を過去形にする。**

過去形の be 動詞も**主語によって使い分け！**

| 主語 | 現在形 | 過去形 |
|---|---|---|
| I | am | was |
| 3人称《にんしょう》単数 | is | |
| you または複数 | are | were |

3人称単数は he、she、it、Ken など。
複数は we や they、these balls
などだよ。

## 1 (　　) 内から適する語句を選んで、○でかこみましょう。

(1) I ( am / was ) busy yesterday.

(2) You ( was / were ) sick last week.

(3) The ( book / books ) was very useful.

(4) ( Riku / Riku and Hina ) were free after dinner last night.

## 2 (　　) 内の語句を並べかえて、正しい英文にして全文を書きましょう。

(1) ( twelve / were / old / we / years ) two years ago.

(2) ( many / were / the sea / people / in ) this morning.

(3) ( was / very / my brother / angry ) last night.

□ busy［ビズィ］いそがしい　□ sick［スィック］病気の、具合が悪い　□ last week　先週　□ very［ヴェリィ］とても
□ useful［ユースフル］役に立つ　□ free［フリー］ひまな　□ dinner［ディナァ］夕食　□ old［オウルド］～歳《さい》の
□ sea［スィー］海　□ people［ピープル］人々　□ angry［アングリィ］怒《おこ》った

解答 ➔ P.86

何問できた？

7 問中　　　問

# 6 be動詞の過去の否定文と疑問文

月　日

ここ大事!

★be動詞の過去の否定文…〈 主語＋was[were] not ～. 〉

〈ふつうの文〉 I was free. 私はひまでした。

〈否定文〉 I was **not** free. 私はひまではありませんでした。

★be動詞の過去の疑問文…〈 Was[Were]＋主語～? 〉

〈ふつうの文〉 You were free. あなたはひまでした。

〈疑問文〉 **Were** you free? あなたはひまでしたか。

〈答え方〉 Yes, I **was**. ／ No, I **wasn't**[**was not**].

はい、ひまでした。 ／ いいえ、ひまではありませんでした。

was not の短縮形は **wasn't**, were not の短縮形は **weren't** になる。

**1** 次の文を否定文に書きかえるとき、＿＿＿に適する語を書きましょう。

やってみよう

(1) The man was so kind to me.

The man ＿＿＿＿ ＿＿＿＿ so kind to me.

(2) The new games were very interesting.

The new games ＿＿＿＿ ＿＿＿＿ very interesting.

(3) I was in Canada last year.

I ＿＿＿＿ in Canada last year.

**2** 次の文を疑問文に書きかえるとき、＿＿＿に適する語を書きましょう。

(1) It was snowy yesterday.

＿＿＿＿ ＿＿＿＿ snowy yesterday?

(2) They were in the kitchen at that time.

＿＿＿＿ ＿＿＿＿ in the kitchen at that time?

□ man[マン]男の人　□ so[ソウ]とても　□ be kind to ～　～に親切である　□ new[ヌー]新しい
□ game[ゲイム]ゲーム　□ interesting[インタレスティング]おもしろい、興味深い　□ not very ～　あまり～ない
□ snowy[スノウイ]雪の降る　□ kitchen[キチン]台所

解答➜P.86



何問できた?

5問中　　問

# 7

UNIT 1 過去の文

## 確認問題 1

うでだめし やってみよう

表裏 10分!

月　日

**1** (　　) 内の語を適する形にかえて ______ に書きましょう。　[各4点×6問]

(1) Liam ______ dinner yesterday.（make）

(2) I ______ free last week.（am）

(3) We ______ to the station at nine yesterday.（get）

(4) My father ______ a new car two years ago.（buy）

(5) They ______ in the sea last Sunday.（swim）

(6) Ms. Hara ______ two books last year.（write）

**2** (1) (2)は否定文に、(3) (4)は疑問文に書きかえましょう。　[各6点×4問]

(1) They played tennis yesterday.

______

(2) We were in Hokkaido last week.

______

(3) They studied English and math today.

______

(4) Her new book was very interesting.

______

＼ヒント／

**1** 過去を表す語句を見つけたら、一般《いっぱん》動詞の文か be 動詞の文かをまず考える。

**2** 否定文には短縮形を使うことができる。いずれも過去の文であることに注意。math は「数学」。

裏面に続くよ

## 3 日本文に合うように、＿＿＿に適する語を書きましょう。　［各6点×4問］

⑴ あなたは動物園にバスで行ったのですか。

＿＿＿ you ＿＿＿ to the zoo by bus?

⑵ あなたは学校でレオに会いましたか。

＿＿＿ you ＿＿＿ Leo at school?

⑶ リンはインドに住んで、英語を勉強しました。

Lin ＿＿＿ in India and ＿＿＿ English.

⑷ ソフィアはその本を読みませんでした。

Sophia ＿＿＿ ＿＿＿ the book.

## 4 日本文に合うように、（　　）内の語句を並べかえて、全文を書きましょう。　［各7点×4問］

⑴ 彼女《かのじょ》は昨日それほどいそがしくありませんでした。

( busy / she / so / wasn't ) yesterday.

＿＿＿＿＿＿＿＿＿＿＿＿＿＿＿＿＿＿＿＿

⑵ あなたは夕食後に皿を洗いましたか。

( you / after / wash / the dishes / did ) dinner?

＿＿＿＿＿＿＿＿＿＿＿＿＿＿＿＿＿＿＿＿

⑶ エマは昨年東京に行きませんでした。

( Emma / last / Tokyo / go / didn't / to ) year.

＿＿＿＿＿＿＿＿＿＿＿＿＿＿＿＿＿＿＿＿

⑷ その本はあなたにとても役に立ちましたか。

( were / the books / to / very / useful ) you?

＿＿＿＿＿＿＿＿＿＿＿＿＿＿＿＿＿＿＿＿

＼ヒント／

4 ⑴ ⑶は否定文に、⑵ ⑷は疑問文になる。

解答→P.86



何点とれた？

点

# 8 疑問詞＋過去形①

月　日

★ 疑問詞疑問文…〈疑問詞＋did＋主語＋動詞の原形～？〉

〈疑問文〉 **Where** did you play tennis?

〈答え方〉 I played tennis **in the park.**

どこでテニスをしましたか。— 公園でしました。

〈疑問文〉 **When** did you play tennis?

〈答え方〉 I played tennis **yesterday.**

いつテニスをしましたか。— 昨日しました。

注意 〈 Who ＋動詞の過去形～？ 〉の形

Who played tennis here? — I did.

だれがここでテニスをしましたか。— 私がしました。

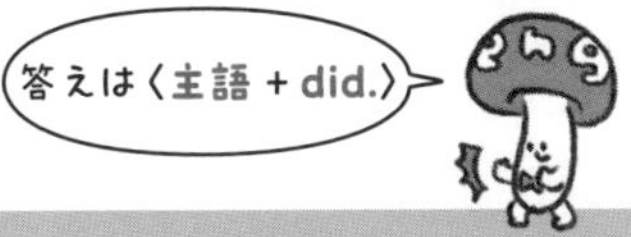


## 1 下線部をたずねる疑問文に書きかえるとき、＿＿＿＿に適する語を書きましょう。

(1) Kaito went to the hospital today.

＿＿＿＿ did Kaito ＿＿＿＿ today?

(2) Sachi wrote this story last week.

＿＿＿＿ did Sachi ＿＿＿＿ this story?

## 2 正しい問答文になるように、＿＿＿＿に適する語を書きましょう。

(1) ＿＿＿＿ wrote this book?

— Mr. Nakamura did.

(2) ＿＿＿＿ did you wash this bike?

— I ＿＿＿＿ it this morning.

(3) ＿＿＿＿ did you buy this new doll?

— I ＿＿＿＿ it in Kyoto.

□ hospital［ハスピタル］病院　□ today［トゥデイ］今日　□ story［ストーリィ］物語、話

# 9 疑問詞＋過去形②

月　　日

★ 疑問詞疑問文…〈 疑問詞＋did＋主語＋動詞の原形～? 〉

〈疑問文〉 **What** did you play yesterday?

〈答え方〉 I played **tennis.** あなたは昨日何をしましたか。— テニスをしました。

〈疑問文〉 **How** did you go to the park?

〈答え方〉 I went there **by bike.** どうやって公園へ行きましたか。— 自転車で行きました。

注意 数をたずねる疑問詞＋過去形。

How many students did you see there?

— I saw ten students.

そこで何人の生徒を見ましたか。—10人見ました。

**1** 下線部をたずねる疑問文に書きかえるとき、＿＿＿に適する語を書きましょう。

(1) He saw a strange insect in the garden.

＿＿＿＿ did he ＿＿＿＿ in the garden?

(2) They had four cats at that time.

＿＿＿＿ ＿＿＿＿ cats did they ＿＿＿＿ at that time?

**2** 正しい問答文になるように、＿＿＿に適する語を書きましょう。

(1) ＿＿＿＿ did you go to the station today?

— I walked there.

(2) ＿＿＿＿ did you wash this morning?

— I ＿＿＿＿ my bike and my father's car.

(3) ＿＿＿＿ ＿＿＿＿ colors did you use in that painting?

— I ＿＿＿＿ ten colors.

□ strange[ストゥレインヂ]きみょうな、変な　□ insect[インセクト]虫、こん虫　□ garden[ガードゥン]庭、庭園
□ cat[キャット]ネコ　□ station[ステイション]駅　□ walk[ウォーク]歩く　□ car[カー]車
□ color[カラァ]色　□ painting[ペインティング]絵画

解答➜P.87



何問できた?

5問中　　問

# 10 過去進行形①

月　　日

★過去進行形…〈 was[were]＋～ing 〉過去に進行中の動作を表す

**was、were** は主語によって使い分け！

I **was playing** tennis then. 私はそのときテニスをしていました。

We **were playing** tennis, too. 私たちもテニスをしていました。

★否定文…〈 主語＋was[were]＋not＋～ing .... 〉

He was　　playing tennis. 彼《かれ》はテニスをしていました。

He was **not** playing tennis. 彼はテニスをしていませんでした。

確認 短縮形は was not ➜ **wasn't**、were not ➜ **weren't** になる。

**1** (　　) 内の語を並べかえて、正しい英文にして全文を書きましょう。

(1) ( was / singing / I ) an English song then.

..............................

(2) ( to / we / music / listening / were ) after school.

..............................

(3) ( making / not / was / he / sandwiches ) in the kitchen.

..............................

**2** 次の文を過去進行形の文に書きかえるとき、........ に適する語を書きましょう。

(1) I walked to school.

I .......... .......... to school.

(2) I didn't read the paper.

I .......... .......... the paper.

□ sing[スィング]歌う　□ song[ソーング]歌　□ music[ミューズィック]音楽　□ listen to ～　～を聞く
□ after school　放課後　□ sandwich[サンドウィッチ]サンドイッチ　□ paper[ペイパァ]新聞

解答 ➜ P.87



何問できた?

5 問中　　　問

# 11 過去進行形②

UNIT 2 過去の文のさまざまな用法

月　　日

★疑問文…〈 Was[Were]＋主語＋～ing ...? 〉

**Was** he **playing** tennis? 彼《かれ》はテニスをしていましたか。

〈答え方〉 Yes, he **was**. ／ No, he **wasn't**[**was not**].

はい、していました。 ／ いいえ、していませんでした。

●次のような疑問詞の疑問文も覚えておこう。

**What** were you doing there? ― I was talking with Sora.

そこで何をしていたのですか。 ― ソラと話していました。

**Where** was Yui playing tennis? ― In the park.

ユイはどこでテニスをしていましたか。 ― 公園でしていました。

**1** 次の文を疑問文に書きかえるとき、＿＿に適する語を書きましょう。

(1) They were learning about space then.

＿＿ ＿＿ ＿＿ about space then?

(2) You were having dinner about eight last night.

＿＿ ＿＿ ＿＿ dinner about eight last night?

**2** 正しい問答文になるように、＿＿に適する語を書きましょう。

(1) ＿＿ were you playing on the stage then?

― I was ＿＿ the piano.

(2) ＿＿ were the students running at that time?

― In the schoolyard.

(3) ＿＿ many students were running then?

― Fifty students were.

□ learn[ラーン]学ぶ　□ about[アバウト]～について、約　□ space[スペイス]宇宙　□ stage[ステイヂ]舞台《ぶたい》
□ piano[ピアノウ]ピアノ　□ schoolyard[スクールヤード]校庭

解答➜P.87



何問できた?

5問中　　問

# 12 現在形と過去形①

月　　日

ここ大事！

★ be 動詞の現在形…is、am、are ↔ be 動詞の過去形…was、were

●「～は…です。」↔「～は…でした。」

Tom is a new student. トムは新入生です。

Tom was a new student. トムは新入生でした。

isとamの過去形がwasで、are の過去形が were。

●「～はーにいます〔あります〕。」↔「～はーにいました〔ありました〕。」

Tom is in the park. トムは公園にいます。

Tom was in the park. トムは公園にいました。

## 1 意味のちがいがわかるように、日本文になおしましょう。

やってみよう

(1) ① My parents were famous musicians.

(　　　　　　　　　　　　　　　　　　　　　　)

② My parents are in Los Angeles now.

(　　　　　　　　　　　　　　　　　　　　　　)

(2) ① Tom is very busy now.

(　　　　　　　　　　　　　　　　　　　　　　)

② Tom was very busy last week.

(　　　　　　　　　　　　　　　　　　　　　　)

(3) ① This dog is small, and that dog is small, too.

(　　　　　　　　　　　　　　　　　　　　　　)

② This dog is big now, but it was small last year.

(　　　　　　　　　　　　　　　　　　　　　　)

□ parents〔ペアレンツ〕両親　□ famous〔フェイマス〕有名な　□ musician〔ミューズィシャン〕音楽家
□ Los Angeles〔ローサンヂェルス〕ロサンゼルス　□ small〔スモール〕小さい　□ but〔バット〕しかし

解答 → P.87



何問できた？

6 問中　　　問

# 13 現在形と過去形②

月　日

★一般《いっぱん》動詞の現在形 ↔ 一般動詞の過去形

●現在の習慣・反復的な動作・状態↔過去の習慣・反復的な動作

I get up at eight every day. 私は毎日8時に起きます。

I usually got up late in those days. 私は当時はたいてい遅《おそ》く起きていました。

●現在の事実・真実↔過去の事実・状態

He has two sons. 彼《かれ》には2人の息子《むすこ》がいます。

He had a big dog ten years ago. 彼は10年前大きな犬を飼っていました。

**1** 意味のちがいがわかるように、日本文になおしましょう。

(1) ① I go to bed at eleven every day.

(　　　　　　　　　　　　　　　　　　　　)

② I usually went to bed at eleven about three years ago.

(　　　　　　　　　　　　　　　　　　　　)

(2) ① She has a lot of friends.

(　　　　　　　　　　　　　　　　　　　　)

② She usually has lunch in the classroom.

(　　　　　　　　　　　　　　　　　　　　)

(3) ① The moon moves around the earth.

(　　　　　　　　　　　　　　　　　　　　)

② They moved to Nagasaki last year.

(　　　　　　　　　　　　　　　　　　　　)

□ go to bed　寝《ね》る　□ friend［フレンド］友だち　□ lunch［ランチ］昼食　□ classroom［クラスルーム］教室
□ moon［ムーン］（天体の）月　□ move［ムーヴ］動く、引っ越す　□ around［アラウンド］～のまわりを
□ earth［アース］地球

解答 → P.88

何問できた?　6問中　　問

UNIT 2 過去の文のさまざまな用法

# 14 確認問題 2

うでだめし やってみよう

表裏 10分!

月　日

**1** (　　) 内の語を必要に応じて適する形にかえて______に書きましょう。

［各 4 点 × 6 問］

(1) I ______ listening to music at that time. (am)

(2) We ______ in London last month. (are)

(3) She ______ a new computer and uses it every day. (have)

(4) Ren ______ the pen in the box an hour ago. (put)

(5) She was ______ a doll then. (make)

(6) He was ______ a shower at ten last night. (take)

**2** 次の文を下線部をたずねる文に、書きかえましょう。　［各 6 点 × 4 問］

(1) They played basketball in the gym.

______

(2) They were singing English songs on the stage.

______

(3) Riku studied five subjects at school yesterday.

______

(4) Eva and John played tennis here this morning.

______

＼ヒント／

**1** 一般《いっぱん》動詞、be 動詞、進行形のどの文かを、それから現在か過去かを考える。

**2** まず何をたずねるかを考える。(1)「場所」 (2)「何」 (3)「数」 (4)「主語（人）」。
(3)の subject は「教科」。

裏面に続くよ

**3** 日本文に合うように、＿＿＿に適する語を書きましょう。 ［各6点×4問］

⑴ あなたは昨日ここで何をしていたのですか。

What ＿＿＿＿＿ you ＿＿＿＿＿ here yesterday?

⑵ あなたはそのコンピュータをいつ買ったのですか。

When ＿＿＿＿＿ you ＿＿＿＿＿ the computer?

⑶ ケイトは日本に住んで、英語を教えています。

Kate ＿＿＿＿＿ in Japan and ＿＿＿＿＿ English.

⑷ ミユはそのとき海で泳いでいませんでした。

Miyu ＿＿＿＿＿ ＿＿＿＿＿ in the sea at that time.

**4** 日本文に合うように、（　　）内の語を並べかえて、全文を書きましょう。 ［各7点×4問］

⑴ 私たちは私たちの新任の先生について話していました。

( talking / we / about / were ) our new teacher.

＿＿＿＿＿＿＿＿＿＿＿＿＿＿＿＿＿＿＿＿

⑵ あなたはどこであなたの自転車を洗ったのですか。

( you / wash / bike / your / where / did / ? )

＿＿＿＿＿＿＿＿＿＿＿＿＿＿＿＿＿＿＿＿

⑶ あなたはこの人形をどのようにして手に入れましたか。

( you / this / doll / get / how / did / ? )

＿＿＿＿＿＿＿＿＿＿＿＿＿＿＿＿＿＿＿＿

⑷ 沖縄の天気はどうでしたか。

( was / the / in / how / Okinawa / weather / ? )

＿＿＿＿＿＿＿＿＿＿＿＿＿＿＿＿＿＿＿＿

＼ヒント／

**4** ⑶「どのようにして」は方法をたずねる文になる。
⑷ weather =「天気」をたずねる文だが、過去の文になることに注意。

解答 ➔ P.88



何点とれた？

点

# 15 There is[are] ～. の文①

月　　日

★「…に～がある」…〈 There is a[an]＋名詞＋場所を表す語句. 〉

●名詞が単数のときは名詞の前に a[an] をつける

**There is** a ball in the box. 箱の中にボールが1個あります。

●名詞が数えられない名詞のときは a[an] はつかない

**There is** some water in the glass. コップに水が少しあります。

**場所を表す語句の前に使われる前置詞**

| | |
|---|---|
| in | ～の中に、～に、～で（比較的《ひかくてき》広い場所） |
| at | ～で（比較的狭《せま》い場所） |
| on | ～の上に（接触《せっしょく》して） |
| under | ～の下に |
| near | ～の近くに |
| by | ～のそばに |

water 水　tea 紅茶 などの液体。cheese チーズ、butter バター など。

some が数えられない名詞の前につくと「少し（の量）の」の意味になる。

**1** 次の英文を日本文になおすとき、（　　）内に適する日本語を書きましょう。

(1) There is a new library in our town.

（　　　　　　　　　　）新しい図書館が（　　　　　　　　　　）。

(2) There is some coffee in the cup.

（　　　　　　　　　　）コーヒーが少し（　　　　　　　　　　）。

**2** （　　）内の語を並べかえて、正しい英文にして全文を書きましょう。

(1) ( is / apple / big / there / a ) in my bag.

................................................................

(2) ( one / only / is / there / student ) in the classroom.

................................................................

□ library［ライブレリィ］図書館　□ town［タウン］町　□ cup［カップ］カップ、茶わん
□ only［オウンリィ］たった～だけ

解答 ➔ P.88

何問できた？　4問中　　　問

# 16 There is[are] ～. の文②

UNIT 3 There is[are] ～. の文

月　　日

★「…に～が(複数)ある〔いる〕」

…〈 There are(＋複数を表す語句)＋名詞＋場所を表す語句. 〉

●名詞が複数のとき be 動詞は are

There are two balls in the box. 箱の中にボールが２個あります。

★過去の文は、is ➜ was、are ➜ were

There was a ball in the box. 箱の中にボールが１個ありました。

There were some balls in the box. 箱の中にボールが何個かありました。

**1** 次の英文を日本文になおすとき、(　　) 内に適する日本語を書きましょう。

(1) There are a lot of children in the park.

(　　　　　　　　　) 子どもたちが (　　　　　　　　　)。

(2) There were big buildings here five years ago.

(　　　　　　　　　) ここには (　　　　　　　　　)。

**2** (　　) 内の語を並べかえて、正しい英文にして全文を書きましょう。
ただし、１語ずつ使わない語があります。

(1) ( is / books / on / ten / are / there ) the shelf.

(2) ( was / there / a / small / in / were / table ) the kitchen.

(3) ( was / there / two / good / on / were / players ) the team.

□ children［チルドゥレン］子どもたち　□ building［ビルディング］建物　□ shelf［シェルフ］たな
□ player［プレイア］選手　□ team［ティーム］チーム

解答 ➜ P.89

何問できた?　5 問中　　問

# 17 There is[are]～. の否定文

月　日

## ★ There is[are] ～. の否定文

…〈 There is[are] not (+a[an]) +名詞+場所を表す語句. 〉

There is **not** a ball in the box. 箱の中にボールはありません。

● 肯《こう》定《てい》文の **some** ➜ 否定文では **any**「少しも、1つも(～ない)」に！

There are **not** **any** ball**s** in the box.

箱の中にボールは1つもありません。

● 形容詞 **no** を名詞の前に置けば、否定文と同じ内容に！

There is **no** butter in the fridge. 冷蔵庫にバターがありません。

## 1 次の英文を日本文になおすとき、(　　) 内に適する日本語を書きましょう。

(1) There are not many members in our club.

私たちのクラブには (　　　　　　　　　　　　　　　　)。

(2) There were no clouds in the sky.

空には (　　　　　　　　　　　　　　　　)。

## 2 (　　) 内の語を並べかえて、正しい英文にして全文を書きましょう。

(1) ( is / French / a / there / not / dish ) on the menu.

---

(2) ( was / there / not / much / snow ) last year.

---

(3) ( were / there / cars / the / on / street / no ) yesterday.

---

□ member[メンバァ]メンバー、一員　□ club[クラブ]クラブ　□ cloud[クラウド]雲　□ sky[スカイ]空
□ French[フレンチ]フランスの　□ dish[ディッシュ]料理　□ menu[メニュー]メニュー
□ much[マッチ]たくさんの　□ snow[スノウ]雪　□ street[ストゥリート]通り

解答 ➜ P.89



何問できた？ 5問中　　問

# 18 There is[are]～. の疑問文

月　日

★ There is[are] の疑問文…〈 **be 動詞＋there ...?** 〉

**Is there** a ball in the box? 箱の中にボールはありますか。

〈答え方〉 Yes, **there is.** ／ No, **there isn't[is not].**

はい、あります。 ／ いいえ、ありません。

確認 名詞が複数のときは are、過去の文のときは was、were を使う。

**●次のような数をたずねる疑問文にも注意**

**How many** balls **are there** in the box?

― **There are** two (balls).

箱の中にボールがいくつありますか。― 2つあります。

注意 答えの数字のあとの名詞は省略してもよい。

**1** 次の文を疑問文に書きかえるとき、＿＿＿＿に適する語を書きましょう。

(1) There is a lot of water in the pond.

＿＿＿＿ ＿＿＿＿ a lot of water in the pond?

(2) There are some birds in the tree.

＿＿＿＿ ＿＿＿＿ ＿＿＿＿ birds in the tree?

**2** 正しい問答文になるように、＿＿＿＿に適する語を書きましょう。

(1) ＿＿＿＿ there many onions in the fridge?

― No, there ＿＿＿＿ not. There was only one.

(2) ＿＿＿＿ there a park near your house?

― Yes, ＿＿＿＿ is. It's a beautiful park.

(3) ＿＿＿＿ ＿＿＿＿ teachers are there in your school?

― There are about twenty.

□ pond［パンド］池　□ bird［バード］鳥　□ onion［アニャン］タマネギ　□ beautiful［ビューティフル］美しい

解答 → P.89



何問できた?

5問中　　問

# 19 確認問題3

UNIT 3 There is[are] ～. の文

うでだめし やってみよう

表裏 10分!

月　日

**1** （　　）内から適する語を選んで、〇でかこみましょう。　［各4点×6問］

(1) There ( is / are ) a glass on the table.

(2) There ( is / are ) some milk in the glass.

(3) There ( is / are ) many books on the desk.

(4) There ( is / was ) a tall tree here many years ago.

(5) There ( was / were ) some students in the classroom then.

(6) There ( was / were ) only five days before the festival.

**2** 〔　　〕内の指示にしたがって、書きかえましょう。　［各6点×4問］

(1) There was a cat under the tree. 〔下線部を many にかえて〕

(2) There are some oranges in the box. 〔否定文に〕

(3) There are some tall trees in the schoolyard. 〔疑問文に〕

(4) There are three paintings on the wall.

〔下線部をたずねる疑問文に〕

＼ヒント／

**1** 単数か複数か、現在か過去かに注意して考える。festival は「祭り」。

**2** (2) (3) some に注意。　(4) 下線部は数を表している。wall は「壁《かべ》」。

裏面に続くよ

**3** 日本文に合うように、＿＿＿に適する語を書きましょう。 ［各6点×4問］

⑴ コップに水は（少しも）ありません。

There ＿＿＿＿ no ＿＿＿＿ in the glass.

⑵ そのとき公園には子どもたちはいませんでした。

There ＿＿＿＿ ＿＿＿＿ children in the park then.

⑶ 机の上には何冊の本がありましたか。

＿＿＿＿ many ＿＿＿＿ were there on the desk?

⑷ （⑶の答えとして）12冊ありました。

There ＿＿＿＿ ＿＿＿＿.

**4** 日本文に合うように、（　　）内の語を並べかえて、全文を書きましょう。 ［各7点×4問］

⑴ 夏にはここでいくつかの大きなお祭りがあります。

( festivals / are / big / there / some ) here in summer.

＿＿＿＿＿＿＿＿＿＿＿＿＿＿＿＿

⑵ この町には大きな病院がありません。

( is / a / there / hospital / not / big ) in this town.

＿＿＿＿＿＿＿＿＿＿＿＿＿＿＿＿

⑶ 駅の近くに公園が（いくつか）ありますか。

( any / are / parks / there ) near the station?

＿＿＿＿＿＿＿＿＿＿＿＿＿＿＿＿

⑷ この部屋には机がいくつありますか。

( many / desks / in / how / there / are ) this room?

＿＿＿＿＿＿＿＿＿＿＿＿＿＿＿＿

＼ヒント／

**4** ⑵ not の位置に注意。　⑶ any は名詞の前に置く。
⑷ 数をたずねる疑問文にする。

解答 ➜ P.90



何点とれた？

点

# 20 be going to ～

月　　日

ここ大事！

★ 未来を表して「～するつもりだ」

…〈 主語＋be 動詞［is,am,are］＋going to＋動詞の原形～. 〉

● be 動詞は主語に合わせる！

She **is going to** play soccer tomorrow.

…動詞の原形　彼女《かのじょ》は明日サッカーをするつもりです。

**未来を表す語句**

・tomorrow 明日　・next week［month, year］ 来週［来月、来年］　・this weekend 今週末

・next Sunday［Monday］ 次の（来週の）日曜日［月曜日］　・someday いつか

・in the future 将来は、これからは　・tomorrow morning 明日の朝

**1** ＿＿＿に適する語を１語ずつ補って、be going to の文を完成させましょう。

やってみよう

(1) I ＿＿＿＿ going to play badminton tomorrow.

(2) He is ＿＿＿＿ to stay here next week.

(3) He is going ＿＿＿＿ have lunch in the cafe.

(4) We ＿＿＿＿ going to go shopping in Ginza.

(5) Ken and Yuna ＿＿＿＿ going to meet here at five.

**2** （　　）内の語を並べかえて、正しい英文にして全文を書きましょう。

(1) ( going / buy / I'm / to ) a new bike tomorrow.

＿＿＿＿＿＿＿＿＿＿＿＿＿＿＿＿＿＿＿＿

(2) ( are / to / Kyoto / visit / going / they ) next Sunday.

＿＿＿＿＿＿＿＿＿＿＿＿＿＿＿＿＿＿＿＿

(3) ( she's / to / up / get / going / early ) tomorrow morning.

＿＿＿＿＿＿＿＿＿＿＿＿＿＿＿＿＿＿＿＿

□ badminton［バドミントン］バドミントン　□ cafe［キャフェイ］カフェ　□ go shopping　買い物に行く
□ visit［ヴィズィット］訪問する　□ early［アーリィ］早く

解答 ➔ P.90



何問できた？

８問中　　　問

# 21 be going to ～の否定文と疑問文

月　日

★ **be going to** ～の否定文…〈 主語＋be 動詞＋not＋going to ～ .... 〉

〈ふつうの文〉 I'm **going to** stay here. ここにいるつもりです。

〈否定文〉 I'm **not going to** stay here. ここにいるつもりはありません。

★ **be going to** ～の疑問文…〈 be 動詞＋主語＋going to ～ ...? 〉

〈ふつうの文〉 Ken **is** **going to** stay here. ケンはここにいるつもりです。

〈疑問文〉 **Is** Ken **going to** stay here? ケンはここにいるつもりですか。

〈答え方〉 Yes, he **is**. ／ No, he **isn't**[**is not**].

はい、そのつもりです。／ いいえ、そのつもりはありません。

**1** 次の文を否定文に書きかえるとき、＿＿＿に適する語を書きましょう。

(1) I'm going to sing some songs at the concert.

＿＿＿ ＿＿＿ ＿＿＿ to sing any songs at the concert.

(2) We are going to play baseball tomorrow.

We ＿＿＿ ＿＿＿ to play baseball tomorrow.

(3) Hana is going to go out after dinner.

＿＿＿ ＿＿＿ ＿＿＿ to go out after dinner.

**2** 次の文を疑問文に書きかえるとき、＿＿＿に適する語を書きましょう。

(1) Alex is going to call me this evening.

＿＿＿ ＿＿＿ ＿＿＿ ＿＿＿ call me this evening?

(2) They are going to study in Canada.

＿＿＿ ＿＿＿ ＿＿＿ ＿＿＿ study in Canada?

□ concert［カンサァト］コンサート　□ baseball［ベイスボール］野球　□ call［コール］電話をかける

解答➔P.90

何問できた？ 5問中　　問

# 22 will

月　日

★ 未来について「～でしょう〔推測〕、～する(つもりだ)〔意志〕」

…〈主語＋will＋動詞の原形～.〉

He comes here every day. 彼《かれ》は毎日ここに来ます。

動詞の原形

He **will** come here tomorrow. 彼は明日ここに来るでしょう。

**短縮形**

- I will ➜ **I'll**
- you will ➜ **you'll**
- he will ➜ **he'll**
- she will ➜ **she'll**
- we will ➜ **we'll**
- they will ➜ **they'll**

注意 be going to はあらかじめ決めている予定についていうのに対し、will は今その場で決めた予定をいうのに使うことが多い。

**1** 次の英文を日本文になおすとき、(　　)内に適する日本語を書きましょう。

(1) I will talk with Hina about the party later.

私はあとで(　　　　　　　　　　　　　　　　)。

(2) She will come to the party tomorrow evening.

彼女は明日の夕方(　　　　　　　　　　　　　　　　)。

**2** (　　)内の語を並べかえて、正しい英文にして全文を書きましょう。

(1) ( will / plates / after / I / wash / the ) dinner.

(2) ( up / get / Leon / early / will / tomorrow ) morning.

(3) The rugby ( be / exciting / will / game / very ) tomorrow.

□ talk wiht ～　～と話す　□ later[レイタァ]あとで、のちほど　□ party[パーティ]パーティー
□ plate[プレイト](平たい)皿　□ rugby[ラグビィ]ラグビー
□ exciting[イクサイティング]わくわくさせる、興奮させるような

解答➜P.91



何問できた?

5問中　　問

# 23 will の否定文と疑問文

月　　日

★ **will の否定文**…〈 主語＋will＋not＋動詞の原形～. 〉

〈ふつうの文〉 I **will** go there tomorrow. 私は明日そこに行きます。

↓

〈否定文〉 I **will not** go there tomorrow. 私は明日そこに行きません。

★ **will の疑問文**…〈 Will＋主語＋動詞の原形 ～? 〉

〈ふつうの文〉 Ken **will** go there tomorrow. ケンは明日そこに行くでしょう。

〈疑問文〉 **Will** Ken go there tomorrow? ケンは明日そこに行くでしょうか。

〈答え方〉 Yes, he **will**. ／ No, he **won't**〔**will not**〕.

はい、行くでしょう。 ／ いいえ、行かないでしょう。

**1** 次の文を否定文に書きかえるとき、＿＿＿に適する語を書きましょう。

(1) I will visit Kyoto next week.

I ＿＿＿ ＿＿＿ ＿＿＿ Kyoto next week.

(2) We will come home early today.

We ＿＿＿ ＿＿＿ home early today.

(3) It will be cloudy tomorrow.

It ＿＿＿ ＿＿＿ cloudy tomorrow.

**2** 次の文を疑問文に書きかえるとき、＿＿＿に適する語を書きましょう。

(1) Ann will go to the stadium by bus.

＿＿＿ ＿＿＿ ＿＿＿ to the stadium by bus?

(2) They will visit Tom in the hospital on Sunday.

＿＿＿ ＿＿＿ ＿＿＿ Tom in the hospital on Sunday?

□ in the hospital　入院している

解答 → P.91



何問できた？

5 問中　　　問

# 24 現在形と未来形①

月　　日

★ be 動詞の現在形…is, am, are の３つ。主語によって使い分け！

●「～は…です。」の意味を表す

Mia is a new student. ミアは新入生です。

●「～は－にいます〔あります〕。」の意味を表す

Mia is in the park. ミアは公園にいます。

★ be 動詞の未来形…〈 will be 〉。主語に関係なくこの形！

●単純な未来を表すものと意志を表すものがある

I'll be 15 years old next week. 来週15歳《さい》になります。〈単純な未来〉

I'll be home by six today. 今日は6時までに帰宅します。〈話者の意志〉

## 1 意味のちがいがわかるように、日本文になおしましょう。

(1) ① The artist is very famous now.

(　　　　　　　　　　　　　　　　　　　　)

② The artist will be very famous in a year or two.

(　　　　　　　　　　　　　　　　　　　　)

(2) ① All the students are in the gym.

(　　　　　　　　　　　　　　　　　　　　)

② All the students will be in the gym tomorrow morning.

(　　　　　　　　　　　　　　　　　　　　)

(3) ① I'll be back here by six this evening.

(　　　　　　　　　　　　　　　　　　　　)

② The lost dog will be back here soon.

(　　　　　　　　　　　　　　　　　　　　)

□ artist［アーティスト］芸術家　□ in a year or two　1、2年で　□ gym［ヂム］体育館　□ all［オール］すべての
□ be back　もどって来る　□ lost［ロースト］迷った、行方不明の　□ soon［スーン］まもなく

解答 ➔ P.91



何問できた？

6 問中　　　問

# 25 現在形と未来形②

月　日

★一般《いっぱん》動詞の現在形…主語が3人称《にんしょう》単数のとき動詞に s か es がつく！

He gets up at seven every day. 彼《かれ》は毎日7時に起きます。

Mei has two cats. メイは2ひきのネコを飼っています。

★一般動詞の未来形…**will** か **be going to**＋動詞の原形！

She will get up early tomorrow. 彼女《かのじょ》は明日は早く起きるでしょう。

He is going to see Ami. 彼はアミに会うつもりです。

注意 現在進行形が近い未来を表すこともある。時を表す副詞（句）をともなうことが多い。
**leave** 出発する　**come** 来る　**go** 行く　**start** 出発する　**arrive** 着く　などの動詞。
Jim is leaving Japan soon. まもなくジムは日本を去る予定です。

## 1 意味のちがいがわかるように、日本文になおしましょう。

(1) ① She goes to bed at eleven every day.

(　　　　　　　　　　　　　　　　　　　　)

② She will go to bed at ten today.

(　　　　　　　　　　　　　　　　　　　　)

(2) ① Look!　Bob is going to school with a friend.

見て！　(　　　　　　　　　　　　　　　　　　)

② Bob is going to study at home today.

(　　　　　　　　　　　　　　　　　　　　)

(3) ① Look!　The train is leaving the platform.

見て！　(　　　　　　　　　　　　　　　　　　)

② This train is leaving in ten minutes.

(　　　　　　　　　　　　　　　　　　　　)

□ at home　家で　□ platform［プラットフォーム］(駅の)ホーム　□ in［イン］(時間が)～後に
□ minute［ミニット］(時間の)分

解答➜P.91



何問できた？

6問中　　問

# 26 確認問題 4

うでだめし やってみよう

表裏 10分!

月　日

**1** (　　) 内から適する語句を選んで、〇でかこみましょう。　［4 点 × 6 問］

(1) I ( am / are ) going to stay in London.

(2) We are going to visit Kamakura ( last month / next month ).

(3) She ( go / goes ) to the park every morning.

(4) He ( will / wills ) study with his friend tomorrow.

(5) It's going to ( is / be ) sunny tomorrow.

(6) ( They / They're ) going to meet at the station.

**2** 〔　　〕内の指示にしたがって、書きかえましょう。　［各 6 点 × 4 問］

(1) We will have some guests tomorrow evening. 〔否定文に〕

..............................................................................

(2) Luke is going to leave this town next year. 〔否定文に〕

..............................................................................

(3) His brother is going to walk to the library tomorrow.

〔疑問文に〕

..............................................................................

(4) He is going to meet three people there.

〔下線部をたずねる疑問文に〕

..............................................................................

\ヒント/

**1** (6) be 動詞の有無《うむ》に注意。

**2** (1) some に注意。guest は「客」。　(4) 下線部は数を表している。

裏面に続くよ

## 3 日本文に合うように、______に適する語を書きましょう。 ［各6点×4問］

(1) 私たちは来週とてもいそがしいでしょう。

We ______ ______ very busy next week.

(2) 彼《かれ》は明日サッカーをしないでしょう。

He ______ ______ soccer tomorrow.

(3) 私は明日遅《おそ》く起きるつもりです。

______ ______ ______ get up late tomorrow.

(4) 今日の午後は晴れそうですか。

______ it ______ to be sunny this afternoon?

## 4 日本文に合うように、(　　) 内の語句を並べかえて、全文を書きましょう。 ［各7点×4問］

(1) あなたは今夜ここで何をするつもりですか。

( you / to / are / what / going / do ) here tonight?

______________________________

(2) 彼女《かのじょ》はオーストラリアのどこに住む予定ですか。

( she / in / where / live / will ) Australia?

______________________________

(3) あなたは何時に家を出るつもりですか。

( time / are / leave / what / you / going / to ) home?

______________________________

(4) あなたは明日どのようにして駅に行きますか。

( will / the station / you / go / how / to ) tomorrow?

______________________________

\ヒント/

3 (1) be 動詞の原形を使う。 (2) (3) 短縮形を使う。
4 疑問詞のあとに疑問文の語順を続ける。

解答 → P.92



何点とれた?

点

# 27 and / but / or / so

月　　日

ここ大事！

★接続詞…語と語、語句と語句や文と文をつなぐ働きをする！

・and 「～と…、～そして…」　・but 「～だが〔しかし〕…」

・or 「～か〔それとも〕…」　・so 「～それで〔だから〕…」

●命令文のあとの **and** は「そうすれば…」、**or** は「さもないと…」の意味

Get up now, and you can catch the train.

(= If you get up now, you ....)　もう起きなさい、そうすれば電車に間に合いますよ。

Get up now, or you'll be late for school.

(= If you don't get up now, you'll ....)　もう起きなさい、さもないと学校に遅《おく》れますよ。

if は次のページ

## 1 意味のちがいがわかるように、日本文になおしましょう。

やってみよう

(1) ① I like reading, and my sister does, too.

(　　　　　　　　　　　　　　　　　　　　)

② I like reading, but my sister doesn't.

(　　　　　　　　　　　　　　　　　　　　)

(2) ① Ken is so tall, and he can touch the ceiling.

(　　　　　　　　　　　　　　　　　　　　)

② Ken is very tall, so he can touch the ceiling.

(　　　　　　　　　　　　　　　　　　　　)

## 2 (　　) 内の語句を並べかえて、正しい英文にして全文を書きましょう。

(1) Hurry up, ( will / miss / or / the train / you ).

------------------------------------------------------------

(2) Hurry up, ( can / catch / and / the train / you ).

------------------------------------------------------------

□ catch［キャッチ］間に合う、つかまえる　□ reading［リーディング］読書　□ touch［タッチ］さわる
□ ceiling［スィーリング］天じょう　□ hurry up　急ぐ　□ miss［ミス］乗り遅《おく》れる

解答 ➔ P.92



何問できた？　6 問中　　　問

# 28 when / if / because など

月　日

●**時を表す接続詞**：・**when**「～するとき」　・**before**「～する前に」
・**after**「～したあとで」　・**until[till]**「～するまで(ずっと)」

●**条件を表す接続詞**：**if**「もし～ならば」

注意 時や条件を表す接続詞のあとの動詞は、未来のことでも現在形で表す。
If it rains tomorrow, I'll stay home. もし明日雨が降ったら、私は家にいます。

●**理由を表す接続詞**：**because**「(なぜなら)～だから、～なので」

**1** (　　)内の日本語を参考にして、[　　]内から適する語を1語ずつ選びましょう。

(1) I stayed home ＿＿＿＿ I was sick. (病気だったので)

(2) It was raining ＿＿＿＿ I got home. (家に着いたとき)

(3) Can you wait here ＿＿＿＿ he comes back? (彼《かれ》がもどるまで)

(4) I listen to music ＿＿＿＿ I go to bed. (寝《ね》る前に)

(5) Go out ＿＿＿＿ you do your homework. (宿題をしたあとに)

[ when　after　until　because　before ]

**2** (　　)内の語句を並べかえて、正しい英文にして全文を書きましょう。

(1) ( I / a child / when / was ), I lived in Australia.

＿＿＿＿＿＿＿＿＿＿＿＿＿＿＿＿

(2) I'll help you ( are / busy / this / if / you ) afternoon.

＿＿＿＿＿＿＿＿＿＿＿＿＿＿＿＿

(3) I was very happy ( a / present / because / I / got ).

＿＿＿＿＿＿＿＿＿＿＿＿＿＿＿＿

□ get home　家に着く　□ wait[ウェイト]待つ　□ come back　もどる　□ go out　出かける、外出する
□ happy[ハピィ]うれしい、しあわせな　□ present[プレゼント]プレゼント

解答→P.92



何問できた？

8問中　　問

# 29 that

UNIT 5 接続詞

月　日

★ 接続詞 that…〈 that＋主語＋動詞 ～ 〉のまとまりで「～ということ」の意味を表し、動詞の目的語になる！

・think (that) ～「～と思う」
・know (that) ～「～ということを知っている」
・hope (that) ～「～だとよいと思う」
・hear (that) ～「～だと聞いている」

確認 時制の一致《いっち》…think などの動詞が過去形になると、that 以下の動詞も過去形にする。can や will などがある場合は、それぞれ could や would などの過去形にする。

I think (that) he is right. 私は彼《かれ》が正しいと思います。
I thought (that) he was right. 私は彼が正しいと思いました。

**1** (　　) 内の語が入る適切な位置に∧の記号を書き、日本文を完成しましょう。

(1) I think he is a good student. (that)
私は彼が (　　　　　　　　　　　　　　　　)。

(2) I that she will come to the party. (hope)
私は彼女《かのじょ》が (　　　　　　　　　　　　　　　　)。

(3) I think he can use this computer. (don't)
私は (　　　　　　　　　　　　　　　　)。

**2** (　　) 内の語を並べかえて、正しい英文にして全文を書きましょう。

(1) Do you ( Ken / is / that / know ) in America?

(2) ( hear / it / rainy / I / will / be ) tomorrow.

□ rainy [レイニィ] 雨降りの

解答 ➔ P.93



何問できた?

5 問中　　　問

# 30 UNIT 5 接続詞 be 動詞＋形容詞（＋that）～

月　　日

★〈 be 動詞＋形容詞（＋that）～ 〉の表現！

- be sure (that) ～「きっと～だと思う」
- be glad [happy] (that) ～「～ということがうれしい」
- be sorry (that) ～「～ということが残念だ」
  「～ということをすまなく思う」
- be sad (that) ～「～ということが悲しい」
- be afraid (that) ～「残念ながら～と思う」「～ではないかと心配する」

確認 この形でも時制の一致《いっち》をする。

I'm sure (that) he is very happy. きっと彼《かれ》はとてもうれしいと私は思っています。

I was sure (that) he was very happy. きっと彼はとてもうれしいと私は思っていました。

**1** 次の英文を日本文になおすとき、(　　) 内に適する日本語を書きましょう。

(1) Yuna is sad that her cat died suddenly.

ユウナは彼女《かのじょ》の (　　　　　　　　　　　　)。

(2) I'm glad that you like my present.

私はあなたが (　　　　　　　　　　　　)。

**2** (　　) 内の語句を並べかえて、正しい英文にして全文を書きましょう。

(1) I'm ( you'll / this book / that / enjoy / sure ).

(2) He is ( that / he / lose / afraid / will ) again.

(3) I'm ( can't / sorry / you / come ) to the party.

□ die [ダイ] 死ぬ　□ suddenly [サドゥンリィ] 突然《とつぜん》　□ enjoy [インヂョイ] 楽しむ
□ lose [ルーズ] 負ける　□ again [アゲン] また、再び

解答 ➔ P.93

何問できた？ 5 問中　　　問

# 31 UNIT 5 接続詞 確認問題 5

うでだめし やってみよう

表裏 10分!

月　　日

**1** (　　) 内から適する語句を選んで、○でかこみましょう。　［各 4 点 × 6 問］

(1) You ( and / or ) I are good friends.

(2) Is this a book ( but / or ) a notebook?

(3) I know ( it / that ) he has a lot of books.

(4) We played video games ( by / until ) he came back.

(5) Leave home now, ( and / or ) you'll miss the train.

(6) If it ( rains / will rain ) tomorrow, I won't go out.

**2** 〔　　〕内の指示にしたがって書きかえるとき、＿＿＿に適する語を書きましょう。　［各 6 点 × 4 問］

(1) I <u>think</u> he is a new student.〔下線部を過去形にして〕

I ＿＿＿ he ＿＿＿ a new student.

(2) Hurry up, and you will catch the last train.

〔ほぼ同じ内容の文に〕

＿＿＿ you ＿＿＿ up, you will catch the last train.

(3) You will like the movie.〔「私はきっと～だと思う」の文に〕

I'm ＿＿＿ ＿＿＿ you will like the movie.

(4) Wash your hands before you eat.〔ほぼ同じ内容の文に〕

Eat ＿＿＿ you wash your hands.

\ヒント/

**1** (5)「そうすれば」か「さもないと」かを考える。

**2** (1) 時制の一致《いっち》に注意。　(2) 条件を表す接続詞を使う。　(3) movie「映画」
(4) before と対になる接続詞を考える。hand「手」

裏面に続くよ

**3** 日本文に合うように、______に適する語を書きましょう。　［各６点×４問］

(1) 私は具合が悪かったので出かけませんでした。

I ______ go out ______ I was sick.

(2) 彼《かれ》は、時間があるとき本を読みます。

He reads books ______ he ______ time.

(3) 申し訳ないですがあなたといっしょにそこに行けません。

I'm ______ ______ I can't go there with you.

(4) だれも彼女《かのじょ》を手伝ってくれなくて、彼女は悲しかったです。

She was ______ ______ nobody helped her.

**4** 日本文に合うように、(　　) 内の語句を並べかえて、全文を書きましょう。　［各７点×４問］

(1) 私は自分がまちがっているのではないかと心配でした。

( I / I / was / that / afraid ) was wrong.

______________________________

(2) 私たちが友だちになれたらいいなと私は思います。

( I / we / friends / hope / be / will / . )

______________________________

(3) あなたは彼女が３びきの犬を飼っていることを知っていましたか。

( had / know / did / she / you / that ) three dogs?

______________________________

(4) たくさんの人たちがそのパーティーに来るそうです。

I ( will / people / hear / come / a lot of ) to the party.

______________________________

＼ヒント／

**3** (1) 理由を表す接続詞は何か。　(2)「～するとき」の意味を表す接続詞は何か。
(4) nobody は「だれも～ない」。

**4** (1) 時制の一致《いっち》に注意しよう。wrong は「まちがった」。　(2) (4) 接続詞が省略された形になる。

解答 → P.93



何点とれた？

点

# 32 不定詞の名詞的用法①

月　日

★ 名詞的用法の不定詞…文中で名詞と同じ働きをする。
「～すること」の意味。

●動詞の目的語になる

I like **to play** tennis. 私はテニスをすることが好きです。

**like のほかによく使う動詞**

- want to ～ ～したい
- try to ～ ～しようとする
- need to ～ ～する必要がある
- begin[start] to ～ ～し始める
- hope to ～ ～することを望む
- decide to ～ ～することに決める

注意 **would like to** ～(～したいものだ) は want to ～のていねいな表現。

**1** (　　) 内から適する語句を選んで、○でかこみましょう。

(1) I want ( go / to go ) to the zoo.

(2) He likes to ( read / reads ) comic books.

(3) We started ( to learned / to learn ) English last year.

(4) It began to ( rain / raining ) just now.

**2** (　　) 内の語を並べかえて、正しい英文にして全文を書きましょう。

(1) ( decided / buy / I / to ) a new computer.

(2) ( hope / see / to / I / you ) again.

(3) I ( to / stay / like / would ) here.

□ comic［カミック］マンガ(の)　□ began［ビギャン］begin(始める)の過去形　□ just now　ついさっき、今しがた

解答 → P.94

何問できた?　7問中　　問

# 33 不定詞の名詞的用法②

月　日

●主語になる（～することは…）

**To learn** English is **fun.** 英語を学ぶことは楽しいです。

主語　補語

●補語になる（…は～すること）

My job is **to teach** English. 私の仕事は英語を教えることです。

主語　補語

確認 補語＝「動詞のあとにきて、主語を説明する語句」

## 1 次の英文を日本文になおすとき、(　　) 内に適する日本語を書きましょう。

(1) To speak English well is not easy.

(　　　　　　　　　　　　　　　) 簡単ではありません。

(2) My dream is to be an astronaut.

私の夢は (　　　　　　　　　　　　　　　)。

## 2 (　　) 内の語句を並べかえて、正しい英文にして全文を書きましょう。

(1) ( get / to / up ) early is good for you.

(2) My plan is ( to / some museums / visit / in ) London.

(3) ( there / to / go / alone ) is very dangerous.

□ speak［スピーク］話す　□ easy［イーズィ］簡単な、やさしい　□ dream［ドゥリーム］夢
□ astronaut［アストゥロノート］宇宙飛行士　□ plan［プラン］計画　□ museum［ミューズィーアム］博物館
□ alone ［アロウン］ひとりで　□ dangerous［デインヂャラス］危険な

解答 → P.94

何問できた？　5問中　　問

# 34 不定詞の副詞的用法①

月　　日

ここ大事!

★ 副詞的用法の不定詞…副詞の働きをし、目的を表し動詞を修飾《しゅうしょく》する。
「～するために、～しに」の意味。

●目的を表す

I got up early to play tennis. 私はテニスをするために早く起きました。

↑ 早く起きた目的

確認 Why ～? の疑問文に対して、目的を答えるときにも使われる。

Why did you get up early this morning?
— To play tennis with my friends.
今朝なぜ早く起きたのですか。— 友だちとテニスをするためです。

**1** 次の英文を日本文になおすとき、(　　) 内に適する日本語を書きましょう。

やってみよう

(1) Mayu studied hard to be an English teacher.

マユは (　　　　　　　　　　) 一生けんめいに勉強しました。

(2) My sister went to Paris to study art.

私の姉は (　　　　　　　　　　　　) パリへ行きました。

**2** (　　) 内の語句を並べかえて、正しい英文にして全文を書きましょう。

(1) I went to ( to / take / the park / pictures ) of flowers.

________________________________

(2) I use ( enjoy / to / a computer ) the Internet.

________________________________

(3) Shota ( to / studying / hard / is / be ) a doctor.

________________________________

□ Paris［パリス］パリ　□ art［アート］美術　□ Internet［インタネット］インターネット
□ doctor［ダクタァ］医者、医師

解答 → P.94



何問できた?

5問中　　　問

# 35 不定詞の副詞的用法②

月　　日

●原因・理由を表す

I am happy **to see** you. 私はあなたに会えてうれしいです。

うれしい原因・理由

この言い方に使われる形容詞

- be glad[happy] to ～ ～してうれしい
- be sad to ～ ～して悲しい
- be surprised to ～ ～して驚《おどろ》く
- be angry to ～ ～して怒《おこ》る
- be sorry to ～ ～して残念だ、～して気の毒に思う、～してすまないと思う

**1** 次の英文を日本文になおすとき、(　　)内に適する日本語を書きましょう。

(1) I'm very glad to get a nice present.

私はすてきな (　　　　　　　　　　) とてもうれしいです。

(2) Ami was sad to hear the news about the accident.

アミはその事故についての (　　　　　　　　　　)。

**2** (　　)内の語を並べかえて、正しい英文にして全文を書きましょう。

(1) I was ( to / know / surprised ) the fact.

(2) I'm ( to / that / happy / know ) you're safe.

(3) Your mother ( be / to / angry / will / see ) your grade on the test.

□ nice[ナイス]すてきな　□ news[ヌーズ]ニュース、知らせ　□ accident[アクスィデント]事故
□ fact[ファクト]事実　□ safe[セイフ]無事な、安全な　□ grade[グレイド]点数　□ test[テスト]テスト、試験

解答→P.94



何問できた?

5問中　　問

# 36 不定詞の形容詞的用法①

月　　日

ここ大事!

★形容詞的用法の不定詞…形容詞の働きをし、名詞や代名詞をうしろから修飾《しゅうしょく》する。「～するための、～すべき」の意味。

I have many books **to read.** 私には読むべき本がたくさんあります。

読むべき→(たくさんの)本

●形容詞的用法には something などの代名詞が使われることも多い。

I'll buy something **to eat.** 私は何か食べる〔←食べるための〕ものを買うつもりです。

**-thing の代名詞のまとめ**

・something〔肯定《こうてい》文で〕何か　　・nothing 何も～ない

・anything〔疑問文で〕何か／〔否定文で〕何も（～ない）

この用法では不定詞の位置に注意しよう。

**1** 次の英文を日本文になおすとき、（　　）内に適する日本語を書きましょう。

やってみよう

(1) I have a lot of friends to help me.

私には（　　　　　　　　　　　　　　　）います。

(2) I have nothing to do today.

私には今日（　　　　　　　　　　　　　　　）。

**2** （　　）内の語句を並べかえて、正しい英文にして全文を書きましょう。

(1) I have ( money / to / the bike / no / buy ).

(2) ( want / something / to / I ) drink.

(3) I don't ( to / anything / have / say ).

□ money［マニィ］お金　□ drink［ドゥリンク］飲む

解答➜P.94



何問できた?　5問中　　問

# 37 不定詞の形容詞的用法②

月　日

ここ大事!

★注意すべき形容詞的用法の不定詞！

●形容詞をともなう場合

…〈 something＋形容詞＋to＋動詞の原形 〉

I want something cold **to drink.** 私は何か冷たい飲み物がほしいです。

-thing　形容詞　to＋動詞の原形

●不定詞に前置詞がつく場合…〈 名詞〔代名詞〕＋to＋動詞の原形＋前置詞 〉

I need something **to write** with. 私には何か書くもの〔筆記用具〕が必要です。

名詞・代名詞　to＋動詞の原形　前置詞

注意　write with a pencil（えんぴつで書く）ということから、with が必要。

**1** 次の英文を日本文になおすとき、（　　）内に適する日本語を書きましょう。

やってみよう

⑴ He didn't have a chair to sit on.

彼《かれ》には（　　　　　　　　　　　　　　　）ありませんでした。

⑵ I want something hot to eat.

私は（　　　　　　　　　　　　　　　　　　　）ほしいです。

**2** （　　）内の語を並べかえて、正しい英文にして全文を書きましょう。

⑴ He had no ( house / in / live / to ) then.

⑵ ( want / something / to / I / cold ) drink.

⑶ I ( someone / talk / to / want ) with.

□ cold［コウルド］冷たい、寒い　□ chair［チェア］いす　□ sit on ～　～にすわる
□ hot［ハット］からい、熱い、暑い　□ someone［サムワン］だれか

解答➔P.95



何問できた?

5問中　　問

UNIT 6 不定詞

# 38 確認問題 6

うでだめし やってみよう

表裏10分!

月　　日

**1** to を補うべき正しい場所に ∧ の記号を書きましょう。 ［各 4 点 × 6 問］

(1) I like play soccer with my friends.

(2) My dream is go to the moon.

(3) Did you come here see me?

(4) I want something eat for lunch.

(5) I was very surprised hear the news.

(6) I started play the piano ten years ago.

**2** 〔　　〕内の指示にしたがって書きかえるとき、＿＿＿に適する語を書きましょう。 ［各 6 点 × 4 問］

(1) He is a baseball player. 〔「野球の選手になりたい」という文に〕

He ＿＿＿ ＿＿＿ ＿＿＿ a baseball player.

(2) I want some food. 〔ほぼ同じ内容の文に〕

I want ＿＿＿ to ＿＿＿.

(3) He went to the park. He played soccer there.

〔ほぼ同じ内容の 1 文に〕

He went to the park ＿＿＿ ＿＿＿ soccer.

(4) I wanted to talk with her, but I didn't have the time.

〔ほぼ同じ内容の文に〕

I didn't have the time ＿＿＿ ＿＿＿ with her.

＼ヒント／

**1** to のあとには動詞の原形が続く。それぞれの用法も考えてみよう。

**2** (1) 名詞的用法。 (2) (4) 形容詞的用法。some food で「(いくらかの) 食べ物」。 (3) 副詞的用法。

裏面に続くよ

## 3 日本文に合うように、______に適する語を書きましょう。 ［各 6 点× 4 問］

(1) 私はあなたに話すことは何もありません。

I have ______ ______ tell you.

(2) あなたは何か冷たい飲み物を買うつもりですか。

Are you going to buy something cold ______ ______?

(3) 私は宿題をするのにこのコンピュータを使います。

I use this computer ______ ______ my homework.

(4) あなたはそのドアを開けようとしましたか。

Did you ______ ______ open the door?

## 4 日本文に合うように、(　　) 内の語句を並べかえて、全文を書きましょう。 ［各 7 点× 4 問］

(1) いつ雨が降り始めましたか。

When did ( rain / it / begin / to )?

______________________________

(2) 私はそのサッカーの試合を見るためにそのスタジアムに行きたいです。

I want to ( to / to / the stadium / go / watch ) the soccer game.

______________________________

(3) 彼《かれ》には私を手伝ってくれる時間がありませんでした。

He had ( to / time / help / no ) me.

______________________________

(4) 私の母は買い物に行くのにこの自転車を使います。

My mother uses ( shopping / bike / go / this / to ).

______________________________

＼ヒント／

3 (1) (2) 形容詞的用法。 (3) 副詞的用法。 (4) 名詞的用法。

4 (2) 名詞的用法と副詞的用法の 2 つの用法に注意。 (3) no は名詞の前に置いて使う。

解答 → P.95



何点とれた？

点

# 39 動名詞①

月　日

★動名詞…〈動詞の ing 形〉で「～すること」の意味

- ●動詞の目的語：I like **playing** baseball. 野球をすることが好きです。
- ●主語：**Playing** baseball is fun. 野球をすることは楽しいです。
- ●補語：My hobby is **reading** books. 私の趣味《しゅみ》は本を読むことです。
- ●前置詞の目的語：Ken is good at **playing** baseball. ケンは野球をすることが得意〔じょうず〕です。

〈前置詞＋動名詞〉の表現

before[after] ～ing ～する前〔あと〕に　without ～ing ～しないで
How about ～ing? ～するのはどうですか。　Thank you for ～ing. ～してくれてありがとう。

**1** （　）内から適する語句を選んで、○でかこみましょう。

(1) I like ( going / to going ) to the movies.

(2) ( Speaking / Speak ) French is not easy.

(3) My hobby is ( to taking / taking ) pictures.

(4) She left the room without ( said / saying ) goodbye.

**2** （　）内の語句を並べかえて、正しい英文にして全文を書きましょう。

(1) How about ( a letter / writing / her / to )?

..............................................................

(2) ( Ken / swimming / good / at / isn't / . )

..............................................................

(3) ( my / is / hobby / collecting ) old stamps.

..............................................................

□ French［フレンチ］フランス語　□ left［レフト］leave（去る）の過去形
□ collect［コレクト］集める　□ stamp［スタンプ］切手

解答 ➔ P.95



何問できた？

7 問中　　問

# 40 動名詞②

月　日

★目的語に動名詞をとるか不定詞をとるかは動詞によって決まる！

| | |
|---|---|
| ①目的語に動名詞だけ | **enjoy** ～して楽しむ　**finish** ～し終える<br>**stop** ～するのをやめる　**practice** ～して練習する |
| ②目的語に不定詞だけ | **want** ～したい　**hope** ～することを望む<br>**decide** ～することに決める　**plan** ～することを計画する |
| ③目的語に動名詞と不定詞 | **begin**［**start**］～し始める　**like** ～するのが好きだ<br>**love** ～するのが大好きだ |
| ④動名詞と不定詞で意味が異なる | **remember ～ing** ～したことを覚えている<br>**remember to ～** 忘れずに～する<br>**forget ～ing** ～したことを忘れる<br>**forget to ～** ～するのを忘れる |

**1** (　　) 内から適する語句を選んで、○でかこみましょう。

(1) Stop ( talking / to talk ) and listen to me.

(2) I don't want ( going / to go ) to the party tonight.

(3) Remember ( calling / to call ) me tomorrow morning.

(4) I hope ( seeing / to see ) you soon.

**2** (　　) 内の語句を並べかえて、正しい英文にして全文を書きましょう。

(1) ( remember / don't / I / visiting ) the city.

(2) ( watching / we / the game / enjoyed ) on TV.

(3) When ( you / the book / reading / did / finish )?

□ on TV　テレビで

解答 ➔ P.95



何問できた?

7問中　　問

# 41 疑問詞＋to～

月　日

★〈疑問詞＋to ～〉…ひとまとまりで、動詞の目的語になる！

| | | | |
|---|---|---|---|
| **how to ～** | ～のしかた、～する方法 | **what to ～** | 何を～したらよいか |
| **when to ～** | いつ～したらよいか | **where to ～** | どこで〔へ〕～したらよいか |

●〈主語＋動詞＋疑問詞＋to ～.〉

I know **what to do.** 私は何をしたらよいか知っています。

動詞　目的語（疑問詞＋to ～）

●〈主語＋動詞＋人＋疑問詞＋to ～.〉

I asked her **what to do.** 私は彼女《かのじょ》に何をしたらよいかたずねました。

動詞　人　目的語（疑問詞＋to ～）

## 1 次の英文を日本文になおすとき、（　）内に適する日本語を書きましょう。

(1) I want to know how to use this machine.

私は（　　　　　　　　　　　　）知りたいです。

(2) Did you tell him where to go?

あなたは彼《かれ》に（　　　　　　　　　　　　）言いましたか。

## 2 （　）内の語を並べかえて、正しい英文にして全文を書きましょう。

(1) I want to ( what / to / know / see ) in Kyoto.

(2) I'll ( him / come / to / when / tell ) here.

(3) Can you ( play / me / to / teach / how ) the guitar?

□ machine〔マシーン〕機械　□ guitar〔ギター〕ギター

解答 ➜ P.96

何問できた？　5問中　　問

# 42 It is ... (for −) to ～.

月　日

★〈 It is ... to ～. 〉…「～することは…です」

It は形式主語で、真の主語は不定詞（to ～）になる。

**To read** many books is important. 多くの本を読むことは大切です。

↓

It is important **to read** many books.

★〈 It is ... for − to ～. 〉…「−にとって〔−が〕～することは…です」

**It** is easy for me **to read** this book. 私にとって〔私が〕この本を読むのは簡単です。

…不定詞の意味上の主語

**1** 次の英文を日本文になおすとき、(　　) 内に適する日本語を書きましょう。

(1) It is very dangerous to swim in this river.

(　　　　　　　　　　　　　　　　) とても危険です。

(2) Is it difficult for you to answer this question?

(　　　　　　　　　　　　　　　　) 難しいですか。

**2** (　　) 内の語を並べかえて、正しい英文にして全文を書きましょう。

(1) It ( is / to / fun / listen ) to music.

(2) ( watch / interesting / to / is / it ) the stars.

(3) ( important / it / you / is / for / to / meet ) the person.

□ difficult［ディフィカルト］難しい　□ answer［アンサァ］答える　□ question［クウェスチョン］質問
□ star［スター］星　□ person［パースン］人、人間

解答 ➔ P.96



何問できた？

5 問中　　問

# 43 確認問題 7

うでだめし やってみよう

表裏 10分!

月　日

**1** (　　) 内の語を適する形にかえて書きましょう。2語になるものもあります。

[各4点×6問]

(1) I don't know where ＿＿＿＿ tomorrow. (go)

(2) She left the room without ＿＿＿＿ anything. (say)

(3) Stop ＿＿＿＿ TV and go to bed now. (watch)

(4) We went to the park ＿＿＿＿ tennis. (play)

(5) What do you want ＿＿＿＿ in the future? (are)

(6) Thank you for ＿＿＿＿ to the party today. (come)

**2** 〔　　〕内の指示にしたがって書きかえるとき、＿＿＿＿に適する語を書きましょう。

[各6点×4問]

(1) I was surprised when I heard the news. 〔ほぼ同じ内容の文に〕

I was surprised ＿＿＿＿ ＿＿＿＿ the news.

(2) Using this computer isn't difficult. 〔ほぼ同じ内容の文に〕

It isn't ＿＿＿＿ ＿＿＿＿ use this computer.

(3) We stayed in Tokyo. 〔「～することに決めた」の文に〕

We decided ＿＿＿＿ ＿＿＿＿ in Tokyo.

(4) I asked when to leave here. 〔適切な位置に her を補って〕

I asked ＿＿＿＿ ＿＿＿＿ ＿＿＿＿ ＿＿＿＿ here.

＼ヒント／

**1** (2) (6) 前置詞の目的語になる。 (5) be 動詞の原形が入る。in the future で「将来は」。

**2** (1) 原因を表す副詞的用法の不定詞。 (2) 形式主語を使って表す。



裏面に続くよ

## 3 日本文に合うように、______に適する語を書きましょう。 ［各6点×4問］

(1) 私は何か冷たい飲み物がほしいです。

I want something ______ ______ ______.

(2) 私の予定は京都で多くの寺を訪《おとず》れることです。

My plan is ______ ______ many temples in Kyoto.

(3) 私にこの箱の開け方を教えてくれますか。

Can you tell me ______ ______ open this box?

(4) 私には今日終えなければならない宿題がたくさんあります。

I have a lot of homework ______ ______ today.

## 4 日本文に合うように、（　　）内の語を並べかえて、全文を書きましょう。 ［各7点×4問］

(1) 私にはここで買うべきものは何もありません。

I have ( here / buy / nothing / to ).

______________________________

(2) 私はここにいたいのですが。

I would like ( stay / to ) here.

______________________________

(3) いつ雨が降り始めましたか。

When ( did / to / it / begin / rain / ? )

______________________________

(4) 私がこの本を読むのは簡単ではありませんでした。

It ( easy / read / to / me / for / wasn't ) this book.

______________________________

\ヒント/

3 (1) cold の位置に注意。

4 (2) want to ～のていねいな表現。　(4) 文頭の It に注目する。

解答➔P.96



何点とれた？

点

# 44 may

月　　日

★ **助動詞 may…動詞の前に置いて、「許可」や「推量」の意味を付け加える！**

● **「～してもよい」〈許可〉**

**May** I use this computer? このコンピュータを使ってもいいですか。

── 〈答え方〉 **Sure. / Of course. / OK. / No problem.**

いいですよ。

(**I'm**) **Sorry,** (**but**) I'm using it now.

ごめんなさい、今使っています。

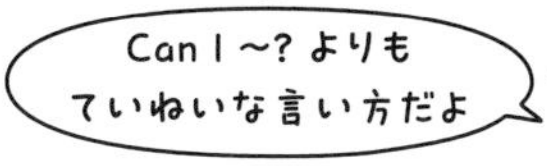

● **「～かもしれない」〈推量〉**

He **may** be our new teacher. 彼《かれ》は私たちの新しい先生かもしれません。

確認 否定文は may のあとに not を置く。

**1** 次の英文を日本文になおすとき、(　　) 内に適する日本語を書きましょう。

(1) May I use your phone later?

あとで (　　　　　　　　　　　　　　　　　　　　　　　　　)。

(2) My mother may be angry now.

私の母は今 (　　　　　　　　　　　　　　　　　　　　　　　)。

**2** (　　) 内の語を並べかえて、正しい英文にして全文を書きましょう。

(1) ( may / she / to / surprised / be ) hear the news.

(2) ( ask / may / I / your ) email address?

(3) ( not / out / she / may / go ) today.

□ phone [フォウン] 電話　□ address [アドゥレス] アドレス、住所

解答 ➜ P.97



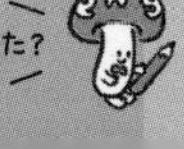

何問できた？ 5 問中　　　問

# 45 must

月　日

★ 助動詞 must…動詞の前に置いて、「義務」や「推量」の意味を付け加える！

● 「～しなければならない」〈義務〉

You **must** stay here. あなたはここにいなければなりません。

= Stay here. ここにいなさい。〈命令文〉

You **must not**［**mustn't**］stay here. あなたはここにいてはいけません。

= Don't stay here. ここにいてはいけません。〈否定の命令文〉

確認 疑問文は must を主語の前に出し、否定文は must のあとに not を置く。

● 「～にちがいない」〈推量〉

He **must** be busy now. 彼《かれ》は今いそがしいにちがいありません。

**1** 次の英文を日本文になおすとき、(　　) 内に適する日本語を書きましょう。

(1) You must not touch my computer.

あなたは私のコンピュータに (　　　　　　　　　　　　　　　　　　)。

(2) He must be tired after a long walk.

彼は長く歩いたあとで (　　　　　　　　　　　　　　　　　　)。

**2** (　　) 内の語句を並べかえて、正しい英文にして全文を書きましょう。

(1) ( finish / must / the homework / I ) today?

(2) ( must / you / help / mother / your ) every day.

(3) This ( her / be / must / bag / new ).

□ tired［タイアド］疲《つか》れた　□ long［ローング］長い　□ walk［ウォーク］歩くこと

解答 → P.97



何問できた？

5問中　　問

# 46 Will you ～?

月　　日

★ 助動詞 will…「未来についてたずねる」以外の表現

● 「～してくれませんか」〈依頼《いらい》〉

**Will you** call me tomorrow? 明日私に電話してくれませんか。

＝ Call me tomorrow, please. 電話してください。

〈答え方〉 OK. / Sure. / Yes, I will. / (No,) I'm sorry I can't. など

「未来をたずねる表現」は本書25～26ページ。

注意 この意味では Can you ～? を使うことも多い。

● 「～しませんか」〈勧誘《かんゆう》〉

**Will you** have some coffee? コーヒーを飲みませんか。

**1** 次の英文を日本文になおすとき、(　　) 内に適する日本語を書きましょう。

(1) Will you help me with my work today?

今日私の (　　　　　　　　　　)。

(2) Will you have some more cake?

もっとケーキを (　　　　　　　　　　)。

**2** (　　) 内の語句を並べかえて、正しい英文にして全文を書きましょう。

(1) ( you / will / open ) the windows?

(2) ( will / wash / my car / you ) for me?

(3) ( have / tea / will / you / some / ? )

□ help ～ with ...　～の…を手伝う　□ more [モーァ] もっと (多くの)
□ cake [ケイク] ケーキ　□ for me 私のために

解答 ➔ P.97



何問できた?

5問中　　　問

# 47 Shall I ～? / Shall we ～?

月　日

## ★助動詞 shall を使う表現

● 「(私が)～しましょうか」〈提案〉

**Shall I** help you? お手伝いしましょうか。

〈答え方〉 Yes, please. はい、お願いします。

No, thank you. いいえ、けっこうです。

● 「(いっしょに)～しましょうか」〈勧誘《かんゆう》〉

**Shall we** meet at the station? 駅で会いましょうか。

注意 答えるときは、Sure. / OK. などが使われる。

断るときはなるべくていねいに、(I'm)Sorry, but ... などと理由を伝えよう。

**1** 次の英文を日本文になおすとき、(　　) 内に適する日本語を書きましょう。

(1) Shall I carry the heavy box?

その重い箱を (　　　　　　　　　　　　　　　　　　　　)。

(2) Shall we dance together at the party?

パーティーでいっしょに (　　　　　　　　　　　　　　　　)。

**2** (　　) 内の語を並べかえて、正しい英文にして全文を書きましょう。

(1) ( make / I / dinner / shall ) this evening?

(2) ( we / to / go / shall ) the library?

(3) What ( we / shall / do ) today?

□ heavy [ヘヴィ] 重い　□ dance [ダンス] 踊《おど》る　□ together [トゥゲザァ] いっしょに

解答 ➜ P.97

何問できた?　5問中　問

# 48 could / would / should

月　日

★ could…can の過去形のほかに、ていねいな表現にも使う。

**Could you** help me? 私を手伝っていただけますか。

★ would…will の過去形のほかに、ていねいな表現にも使う。

**Would you** take a picture of us? 私たちの写真をとっていただけますか。

**Would you like** some apple juice? リンゴジュースはいかがですか。

★ should…「～すべきだ、～したほうがよい」

We **should** help each other. 私たちはおたがい助け合うべきです。

You **should not** stay here. あなたはここにいるべきではありません。

**Should** we go to see him? 私たちは彼《かれ》に会いに行くべきですか。

**1** 次の英文を日本文になおすとき、(　　) 内に適する日本語を書きましょう。

(1) You should not do such a thing.

あなたはそのようなことを (　　　　　　　　　　　　　　　　)。

(2) Could you close the door?

ドアを (　　　　　　　　　　　　　　　　)。

**2** (　　) 内の語を並べかえて、正しい英文にして全文を書きましょう。

(1) ( go / should / you / to ) the hospital.

(2) What ( we / should / do ) now?

(3) ( you / something / to / would / like ) eat?

□ such [サッチ] そのような　□ thing [スィング] こと、もの　□ close [クロウズ] 閉める

何問できた?

5問中　　問

解答 → P.97

# 49 have to / be able to

UNIT 8 助動詞

月　　日

★ have[has] to ～…「～しなければならない」

●過去形は had to ～、未来形は will have to ～。

I **had to** stay home today. 私は今日家にいなければなりませんでした。

● don't have to ～は「～する必要はない」の意味。

I **don't have to** stay home today. 私は今日家にいる必要はありません。

★ be able to ～…「～することができる」

●過去形は be 動詞を過去形にして、未来形は will be able to ～。

He **was able to** swim across the river. 彼《かれ》は川を泳いで渡《わた》ることができました。

The baby **will be able to** walk soon. その赤ちゃんはすぐ歩けるようになるでしょう。

**1** 次の英文を日本文になおすとき、(　　) 内に適する日本語を書きましょう。

(1) You don't have to finish your homework today.

あなたは今日宿題を (　　　　　　　　　　　　　　　　　　　　　　)。

(2) Are you able to sing this English song?

あなたはこの英語の歌を (　　　　　　　　　　　　　　　　　　　　)。

**2** (　　) 内の語を並べかえて、正しい英文にして全文を書きましょう。

(1) ( had / to / to / go / I ) school last Sunday.

(2) ( he / have / to / leave / will ) his hometown.

(3) ( able / solve / to / she / was ) the problem.

□ hometown［ホウムタウン］故郷　□ solve［サルヴ］解く、解決する　□ problem［プラブレム］問題、課題

解答 → P.98

何問できた？　5 問中　　　問

月　日

# 50 確認問題 8

UNIT 8 助動詞

うでだめし やってみよう

表裏 10分!

**1** (　　) 内から適する語句を選んで、〇でかこみましょう。　［各4点×6問］

(1) He ( have / has ) to meet Mr. Tanaka today.

(2) He must ( is / be ) a good baseball player.

(3) ( Will / Shall ) I help you now?

(4) ( Could / Should ) you call me tonight?

(5) You ( should not / don't should ) go there today.

(6) He is ( able to / can ) run very fast.

**2** 〔　　〕内の指示にしたがって書きかえるとき、＿＿＿に適する語を書きましょう。　［各6点×4問］

(1) You stay here today. 〔「〜する必要はない」の文に〕

You ＿＿＿ ＿＿＿ ＿＿＿ stay here today.

(2) Ken is able to swim well. 〔will を使って未来の文に〕

Ken will ＿＿＿ ＿＿＿ ＿＿＿ swim well.

(3) Let's go to the museum. 〔shall を使ってほぼ同じ内容の文に〕

＿＿＿ ＿＿＿ go to the museum?

(4) Don't go out today. 〔must を使ってほぼ同じ内容の文に〕

You ＿＿＿ ＿＿＿ go out today.

＼ヒント／

**1** (1) 主語は3人称《にんしょう》単数。 (2) be 動詞の原形を使う。

**2** (1) do not の短縮形を使う。 (3) 疑問文になる。

裏面に続くよ

## 3 日本文に合うように、＿＿＿＿に適する語を書きましょう。 ［各６点×４問］

(1) (私は)ここにすわってもいいですか。

May ＿＿＿＿＿＿ sit here?

(2) 彼女《かのじょ》の話は本当かもしれません。

Her story ＿＿＿＿＿＿ be true.

(3) ミユは今とても幸せにちがいありません。

Miyu must ＿＿＿＿＿＿ very happy now.

(4) 紅茶はいかがですか。

＿＿＿＿＿＿ you like some tea?

## 4 日本文に合うように、(　　) 内の語句を並べかえて、全文を書きましょう。 ［各７点×４問］

(1) 私はその質問に答えることができませんでした。

( I / able / answer / not / was / to ) the question.

＿＿＿＿＿＿＿＿＿＿＿＿＿＿＿＿＿＿＿＿＿＿＿＿

(2) 次に私たちは何をすべきでしょうか。

( we / what / should ) do next?

＿＿＿＿＿＿＿＿＿＿＿＿＿＿＿＿＿＿＿＿＿＿＿＿

(3) 私にこの手紙を読んでいただけますか。

( read / you / this letter / could ) to me?

＿＿＿＿＿＿＿＿＿＿＿＿＿＿＿＿＿＿＿＿＿＿＿＿

(4) ミラー先生はこの時間はとてもいそがしいにちがいありません。

( Ms. Miller / busy / be / very / must ) at this time.

＿＿＿＿＿＿＿＿＿＿＿＿＿＿＿＿＿＿＿＿＿＿＿＿

＼ヒント／

3 (1) 許可を求める言い方になる。 (4) 助動詞の過去形を使う。

4 (1) be able to ～の過去の否定文。 (2) What のあとに疑問文の語順を続ける。

解答➜P.98



何点とれた？

点

# 51 比較級《ひかくきゅう》(-er)

月　日

★ 比較級…形容詞に er をつけて〈 -er than ... 〉で
「…よりも～」の意味！

| | | |
|---|---|---|
| 大部分の語 | 語尾《ごび》に er | old ― **older**　tall ― **taller**<br>small - **smaller** |
| e で終わる語 | r だけをつける | large ― **larger**　nice ― **nicer**<br>fine - **finer** |
| 〈子音字＋y〉<br>で終わる語 | y を i にかえて er | happy ― **happier**<br>pretty - **prettier** |
| 〈短母音＋子音字〉<br>で終わる語 | 子音字を重ねて er | big ― **bigger**　hot - **hotter** |

★「A は B よりも～だ」の基本形〈 A is -er than B. 〉

Tom is taller than Ken. トムはケンよりも背が高いです。
比較級…　…比較する対象があとに続く

**1** 次の語の比較級を、＿＿＿＿に書きましょう。

(1) long ＿＿＿＿　(2) happy ＿＿＿＿　(3) tall ＿＿＿＿
(4) young ＿＿＿＿　(5) big ＿＿＿＿　(6) early ＿＿＿＿

**2** 文末に（　　）内の語句を加えて比較級の文にして、全文を書きましょう。

(1) My father is tall.（than Ryota）

＿＿＿＿＿＿＿＿＿＿＿＿＿＿＿＿

(2) Today is hot.（than yesterday）

＿＿＿＿＿＿＿＿＿＿＿＿＿＿＿＿

(3) This book is easy.（than that book）

＿＿＿＿＿＿＿＿＿＿＿＿＿＿＿＿

□ large [ラージ] 大きい、広い　□ fine [ファイン] すばらしい　□ pretty [プリティ] かわいらしい
□ young [ヤング] 若い、年下の

解答 ➔ P.98

何問できた？　9 問中　　問

# 52 最上級(-est)

月　　日

★最上級…形容詞に est をつけて〈 -est in[of] … 〉で「…の中でいちばん〔最も〕～」の意味！

| | | |
|---|---|---|
| 大部分の語 | 語尾《ごび》に est | old — **oldest**　tall — **tallest** |
| e で終わる語 | st だけをつける | large — **largest**　nice — **nicest** |
| 〈子音字 + y〉で終わる語 | y を i にかえて est | happy — **happiest**<br>pretty — **prettiest** |
| 〈短母音 + 子音字〉で終わる語 | 子音字を重ねて est | big — **biggest**　hot — **hottest** |

★「A は B の中でいちばん～だ」の基本形〈 A is the -est in[of] B. 〉

注意 in と of の使い分け…in はあとに場所や範囲《はんい》、of はあとに複数を表す語句が続く。

Tom is the tallest in his family[of the five].

the + 最上級　　in + 場所・範囲　/ of + 複数を表す語句

トムは家族の中で〔5人の中で〕いちばん背が高いです。

**1** 次の語の最上級を、＿＿＿＿に書きましょう。

(1) long ＿＿＿＿　(2) happy ＿＿＿＿　(3) tall ＿＿＿＿

(4) young ＿＿＿＿　(5) big ＿＿＿＿　(6) early ＿＿＿＿

**2** 文末に(　　)内の語句を加えて最上級の文にして、全文を書きましょう。

(1) My father is tall. (in my family)

＿＿＿＿＿＿＿＿＿＿＿＿＿＿＿＿

(2) This river is long. (in Japan)

＿＿＿＿＿＿＿＿＿＿＿＿＿＿＿＿

(3) This book is easy. (of the five)

＿＿＿＿＿＿＿＿＿＿＿＿＿＿＿＿

(4) This animal is big. (of all)

＿＿＿＿＿＿＿＿＿＿＿＿＿＿＿＿

解答 ➔ P.99

何問できた？ 10問中　　問

# 53 more、most / 副詞の比較《ひかく》

月　日

★ **つづりが長い語の場合、比較級は more、最上級は the most を形容詞の原級の前につける！**

This book is **more** interesting than that. この本はあの本よりもおもしろいです。

This book is **the most** popular of the three.

この本は3冊の中でいちばん人気があります。

**more、most を使う形容詞**

**interesting** おもしろい　**difficult** 難しい　**beautiful** 美しい

**important** 重要な　**famous** 有名な　**popular** 人気のある　など

確認 副詞が比較級・最上級に使われることもある。

Ken runs faster than Ryo. ケンはリョウよりも速く走ります。

Ken runs the fastest in his class.

ケンはクラスでいちばん速く走ります。

**1** 文末に（　）内の語句を加えて比較級か最上級の文にして、全文を書きましょう。

(1) Aya can run fast. (than Emi)

(2) Dan gets up early. (in his family)

(3) This song is popular. (than that one)

(4) His first book is famous. (than his second one)

(5) This question is important. (of all)

□ first［ファースト］最初の　□ second［セカンド］2番目の

解答 ➔ P.99

何問できた？

5 問中　　問

# 54 as ～ as ... の文

月　日

★〈 as＋形容詞〔副詞〕の原級＋as ... 〉で「…と同じくらい～」

Ken is **as** tall **as** Ryo. ケンはリョウと同じくらい背が高い。　〈tall は形容詞〉

原級

I can run **as** fast **as** Ryo. 私はリョウと同じくらい速く走れます。〈fast は副詞〉

★〈 not as＋形容詞〔副詞〕の原級＋as ... 〉で「…ほど～でない」

Ken is **not as** tall **as** Shota. ケンはショウタほど背が高くありません。

確認 上の文は比較級《ひかくきゅう》で書きかえることができる。

Shota is taller than Ken. ショウタはケンよりも背が高いです。

## 1 (　　) 内の語を並べかえて、正しい英文にして全文を書きましょう。

(1) ( old / as / as / am / I ) Takuya.

(2) ( early / Tom / gets / as / as / up ) his mother.

(3) Kyushu ( as / as / not / is / large ) Hokkaido.

## 2 ほぼ同じ内容になるように、＿＿＿に適する語を書きましょう。

(1) Mt. Aso isn't as high as Mt. Fuji.

Mt. Fuji is ＿＿＿ ＿＿＿ Mt. Aso.

(2) I can't run as fast as Takashi.

Takashi can ＿＿＿ ＿＿＿ ＿＿＿ I can.

□ old〔オウルド〕年をとった、古い　□ Mt.〔マウント〕～山　□ high〔ハイ〕高い

解答 ➔ P.99



何問できた？

5 問中　　問

# 55 不規則な比《ひ》較《かく》級《きゅう》・最上級

月　　日

★〈 like ～ better (than ...)〉で「(…よりも)～のほうが好きだ」

I **like** fall **better than** spring. 私は春よりも秋のほうが好きです。

★〈 like ～ the best (of[in] ...)〉で「(…の中で)～がいちばん好きだ」

I **like** fall **the best of** the four seasons.

私は四季の中で秋がいちばん好きです。

**不規則な形の比較級・最上級**

| 原級<br>意味 | good<br>よい、じょうずな | well<br>よく、じょうずに | many<br>〈数が〉多い | much<br>〈量が〉多い |
|---|---|---|---|---|
| 比較級 | **better** | | **more** | |
| 最上級 | **best** | | **most** | |

・ほかに bad[ill] ( 悪い〔病気の〕) ― **worse** ― **worst** などがある。

**1** 次の英文を日本文になおすとき、(　　) 内に適する日本語を書きましょう。

(1) Your computer is better than mine.

あなたのコンピュータは (　　　　　　　　　　　　　　　　　　　　)。

(2) Daiki has the most books of us all.

ダイキは私たち全員の中で (　　　　　　　　　　　　　　　　　　)。

**2** (　　) 内の語を並べかえて、正しい英文にして全文を書きましょう。

(1) Aya speaks ( than / I / better / English ) do.

(2) Ms. Hara ( the / teacher / best / is ) in our school.

(3) ( than / dogs / like / better / I ) cats.

□ mine [マイン] 私のもの

解答 → P.100

何問できた？ 5 問中　　問

# 56 疑問詞で始まる比《ひ》較《かく》の文

月　日

## ★疑問詞で始まる比較級や最上級の疑問文！

**Which** is larger, Tokyo or Nagoya? — Tokyo is.
東京と名古屋ではどちらのほうが大きいですか。— 東京です。

**Who** is younger, Amy or Emma? — Emma is.
エイミーとエマではどちらが年下ですか。— エマです。

**Who** is the fastest runner in your class? — Ken is.
あなたのクラスでいちばん速い走者はだれですか。— ケンです。

**What** is the longest river in Japan? — The Shinano is.
日本でいちばん長い川は何ですか。— 信濃《しなの》川《がわ》です。

**1** 次の英文を日本文になおすとき、(　　) 内に適する日本語を書きましょう。

(1) Which do you like better, pizza or *ramen*?

あなたは (　　　　　　　　　　　　　　　　　　　　)。

(2) What is the highest mountain in Japan?

日本で (　　　　　　　　　　　　　　　　　　) ですか。

**2** (　　) 内の語句を並べかえて、正しい英文にして全文を書きましょう。

(1) ( larger / is / which / or / this park / , ) that one?

(2) ( is / the / smallest / what / bird ) in the world?

(3) ( who / busiest / is / the / person ) in your family?

□ mountain [マウンテン] 山　□ world [ワールド] 世界

解答 → P.100



何問できた?

5 問中　　問

# 57 確認問題 9

うでだめし やってみよう

表裏 10分！

月　日

**1** (　　) 内の語を適する形にかえて書きましょう。2語になるものもあります。

〔各4点×6問〕

(1) I'm ________ today than yesterday. (happy)

(2) He can run the ________ in his class. (fast)

(3) She sings ________ than me. (well)

(4) This is the ________ park in the city. (large)

(5) This picture is ________ than that one. (beautiful)

(6) This is the ________ way to solve the problem. (good)

**2** 〔　　〕内の指示にしたがって書きかえるとき、________に適する語を書きましょう。

〔各6点×4問〕

(1) I'm 160 cm tall. Ken is 160 cm tall, too. 〔ほぼ同じ内容の1文に〕

I'm ________ ________ ________ Ken.

(2) I know Mr. Hill well. 〔「彼《かれ》よりも（私のほうが）よく知っている」の文に〕

I know Mr. Hill ________ ________ he does.

(3) I like pandas. 〔「すべての動物の中でいちばん好きだ」の文に〕

I like pandas the ________ ________ all animals.

(4) This bridge is longer than that one. 〔ほぼ同じ内容の文に〕

That bridge isn't ________ ________ as this one.

＼ヒント／

**1** (3) 不規則に変化する。　(5) 2語になる。

**2** (1) 程度が同じであることを表す言い方になる。

(4) isn't と否定文になっていることに注意。bridge は「橋」。

裏面に続くよ

## 3 日本文に合うように、______に適する語を書きましょう。 ［各6点×4問］

(1) 彼女《かのじょ》には私よりも多くの友だちがいます。

She has ______ friends ______ I have.

(2) あなたの学校でいちばんじょうずなサッカー選手はだれですか。

Who is ______ ______ soccer player in your school?

(3) 私は冬よりも夏のほうが好きです。

I ______ summer ______ ______ winter.

(4) 私はもっとバターが必要です。

I need ______ butter.

## 4 日本文に合うように、（　）内の語句を並べかえて、全文を書きましょう。 ［各7点×4問］

(1) 5人の中でだれがいちばんじょうずな歌い手ですか。

( the / of / singer / who / is / best ) the five?

______________________________

(2) 彼《かれ》はタクと同じくらい速く走れるようになるでしょう。

He will ( as / as / to / fast / able / be / run ) Taku.

______________________________

(3) この本とあの本とではどちらのほうがよりおもしろいですか。

( this book / interesting / which / more / is / , ) or that one?

______________________________

(4) 東京は日本でいちばん大きな都市です。

( is / Japan / city / Tokyo / biggest / the / in / . )

______________________________

\ヒント/

3 (1) many friends の many を比較級《ひかくきゅう》にする。 (4) much の比較級を使う。

4 (2) be able to ～は「～することができる」。 (4) この文では biggest を名詞の前に置く。

解答 ➔ P.100



何点とれた？

点

# 58 受け身の文の現在形

月　日

★「…は（～によって）―されます」…〈主語+be 動詞+過去分詞（+by ～).〉

Ken uses this bike. ケンはこの自転車を使います。

「～によって」は by ～で表す

This bike is used by Ken. この自転車はケンによって使われます。

**過去分詞**…規則動詞は過去形と同じ。不規則動詞は過去形とともに覚えよう。

| 原形 | 過去形 | 過去分詞 | 原形 | 過去形 | 過去分詞 |
|---|---|---|---|---|---|
| speak 話す | spoke | **spoken** | write 書く | wrote | **written** |
| make 作る | made | **made** | take とる | took | **taken** |
| find 見つける | found | **found** | read 読む | read［レッド］ | **read**［レッド］ |
| give 与える | gave | **given** | sell 売る | sold | **sold** |
| build 建てる | built | **built** | teach 教える | taught | **taught** |
| see 見る | saw | **seen** | eat 食べる | ate | **eaten** |

**1** 次の動詞の過去分詞を、＿＿＿に書きましょう。

(1) eat ＿＿＿＿　(2) find ＿＿＿＿　(3) build ＿＿＿＿

(4) write ＿＿＿＿　(5) give ＿＿＿＿　(6) make ＿＿＿＿

**2** （　）内の語句を並べかえて、正しい英文にして全文を書きましょう。ただし、下線部の語は適切な形にかえること。

(1) English ( teach / is ) by Ms. Sano.

＿＿＿＿＿＿＿＿＿＿＿＿＿＿＿＿＿＿＿＿

(2) A lot of ( are / in / see / animals ) the zoo.

＿＿＿＿＿＿＿＿＿＿＿＿＿＿＿＿＿＿＿＿

(3) ( visit / by / Kyoto / is / many people ) every year.

＿＿＿＿＿＿＿＿＿＿＿＿＿＿＿＿＿＿＿＿

解答 ➔ P.101



何問できた?

9問中　　問

# 59 受け身の文の過去形

月　　日

★過去の受け身の文…〈 was、were＋過去分詞 〉で「～されました」

Yumi is invited to the party. ユミはパーティーに招待されています。

↓ be 動詞を過去形に

Yumi **was invited** to the party.
ユミはパーティーに招待されました。

注意 Many people read these books. は現在にも過去にもなる。

These books are read by many people.
これらの本は多くの人に読まれています。 → 現在の受け身

These books were read by many people.
これらの本は多くの人に読まれました。 → 過去の受け身

**1** 次の英文を日本文になおすとき、(　　) 内に適する日本語を書きましょう。

(1) His room was cleaned this morning.

彼《かれ》の部屋は (　　　　　　　　　　　　　　　　　　)。

(2) Some strange birds were seen in the park yesterday.

何羽かのきみょうな鳥が (　　　　　　　　　　　　　　　)。

**2** (　　) 内の語句を並べかえて、正しい英文にして全文を書きましょう。

(1) This ( painted / by / was / Ami / picture ) last week.

(2) These ( books / written / were / many years ) ago.

(3) ( was / by / breakfast / made ) my sister this morning.

□ room［ルーム］部屋　□ clean［クリーン］そうじする　□ paint［ペイント］(絵の具で)描《えが》く

解答➜P.101



何問できた？

5 問中　　　問

# 60 受け身の否定文

月　日

短縮形 isn't、wasn't、aren't、weren't も思い出そう。

ここ大事!

★ 受け身の否定文…〈 be 動詞＋not＋過去分詞 〉で「～され(てい)ません、～され(てい)ませんでした」

English is　　spoken in this country. この国では英語が話されています。

↓ be 動詞のあとに not

English **is not spoken** in this country. この国では英語が話されていません。

確認 「だれも～されない」「何も～されない」の文

Nobody was invited to the party. だれもパーティーに招待されませんでした。

Nothing is known about the new writer.
その新人作家については何も知られていません。

**1** 次の英文を日本文になおすとき、(　　) 内に適する日本語を書きましょう。

やってみよう

(1) This room is not used now.

この部屋は今 (　　　　　　　　　　　　　　　　)。

(2) Nothing was written on the paper.

その紙には (　　　　　　　　　　　　　　　　)。

**2** (　　) 内の語句を並べかえて、正しい英文にして全文を書きましょう。

(1) This ( not / made / car / is ) in Japan.

..............................................................................

(2) This song ( by / not / loved / young people / is ).

..............................................................................

(3) ( nobody / seen / the park / was / in ) last night.

..............................................................................

□ writer［ライタァ］作家、筆者　□ paper［ペイパァ］紙　□ love［ラヴ］大好きだ、愛する

解答 ➔ P.101



何問できた?

5 問中　　問

# 61 受け身の疑問文

月　日

★受け身の疑問文…〈 be 動詞＋主語＋過去分詞〜？ 〉

**Is** English **spoken** in this country? この国では英語が話されていますか。

〈答え方〉 ― Yes, it **is**. ／ No, it **isn't**.

はい、話されています。／ いいえ、話されていません。

●疑問詞を使った受け身の文

**When was** this castle **built**?

この城はいつ建てられましたか。

― (It was built) In 1749.

― 1749年に（建てられました）。

**1** 次の文を疑問文に書きかえるとき、＿＿＿に適する語を書きましょう。

(1) This room is cleaned every day.

＿＿＿＿ this room ＿＿＿＿ every day?

(2) This book is written in French.

＿＿＿＿ this book ＿＿＿＿ in French?

**2** 正しい問答文になるように、＿＿＿に適する語を書きましょう。

(1) ＿＿＿＿ Yokohama visited by many people last year?

― Yes, ＿＿＿＿ was.

(2) ＿＿＿＿ these pictures taken in Nagano last Sunday?

― No, they ＿＿＿＿.

(3) ＿＿＿＿ was the bird seen?

― It was ＿＿＿＿ near the park.

□ taken［テイクン］take の過去分詞

解答 → P.102



何問できた？

5 問中　　問

# 62 助動詞がある受け身の文

月　日

★ **助動詞がある受け身…〈 助動詞(can, will, must, may)+be+過去分詞 〉**

**意味はそれぞれの助動詞によって考える!**

Mt. Fuji **can be seen** from here. ここから富士山が見られます。

〈助動詞+be+過去分詞〉

Ken's party **will be held** here. ケンのパーティーはここで開かれるでしょう。

★ **助動詞がある受け身の否定文**

Mt. Fuji **can't** be seen today. 富士山は今日は見ることができません。

His name **must not[mustn't]** be forgotten.
彼《かれ》の名前は忘れられてはいけません。

**1** 次の英文を日本文になおすとき、(　　) 内に適する日本語を書きましょう。

(1) This book will be read by a lot of people.

この本は (　　　　　　　　　　　　　　　　)。

(2) This computer must be used carefully.

このコンピュータは注意深く (　　　　　　　　　　　　)。

**2** (　　) 内の語を並べかえて、正しい英文にして全文を書きましょう。

(1) Dinner ( be / will / by / cooked ) Ami this evening.

..........................................................................

(2) This door ( opened / be / can't / by ) small children.

..........................................................................

(3) This book ( be / returned / must ) to the library.

..........................................................................

□ held [ヘルド] hold (開催《かいさい》する) の過去分詞　□ forgotten [フォガトゥン] forget (忘れる) の過去分詞
□ carefully [ケアフリィ] 注意深く　□ cook [クック] 料理する　□ return [リターン] もどす、返却《へんきゃく》する

解答 ➜ P.102

5 問中　　問

# 63 その他の受け身の文

月　　日

★ 受け身で使われる表現…〈 be born 〉「生まれる」、
〈 be moved 〉「感動する」

I **was born** on May 5 in 2010. 私は2010年5月5日に生まれました。

He **was moved** by the movie. 彼《かれ》はその映画を見て感動しました。

★ by 以外の前置詞を使う受け身…ひとまとまりで覚えておこう！

| | |
|---|---|
| be known to ～ ～に知られている | be filled with ～ ～でいっぱいである |
| be made of ～ ～でできている〈材料〉 | be made from ～ ～から作られる〈原料〉 |
| be covered with ～ ～でおおわれている | be crowded with ～ ～で混んでいる |
| be interested in ～ ～に興味がある | be surprised at ～ ～に驚《おどろ》く |

**1** 次の英文を日本文になおすとき、(　　) 内に適する日本語を書きましょう。

(1) When were you born?

あなたは (　　　　　　　　　　　　　　　　　　　　)。

(2) This bridge is made of stone.

この橋は (　　　　　　　　　　　　　　　　　　　　)。

**2** (　　) 内の語を並べかえて、正しい英文にして全文を書きましょう。

(1) ( to / known / he / is ) many people in this town.

(2) The top of the mountain ( covered / snow / is / with ).

(3) Butter ( from / is / milk / made ).

□ stone［ストウン］石　□ top［タップ］頂上

解答 → P.102



何問できた？

5 問中　　　問

# 064 確認問題10

うでだめし やってみよう

表裏 10分!

月　　日

**1** (　　) 内から適する語を選んで、〇でかこみましょう。　[各4点×6問]

(1) English is ( speaking / spoken ) in Australia.

(2) I was surprised ( on / at ) the news.

(3) This book is ( read / reading ) around the world.

(4) Some of them ( are / were ) invited to the party last week.

(5) His name is known ( to / of ) many Japanese people.

(6) This house is ( making / made ) of wood.

**2** 〔　　〕内の指示にしたがって書きかえるとき、______に適する語を書きましょう。　[各6点×4問]

(1) Ms. Honda wrote this book.〔受け身の文に〕

This book ______ ______ ______

Ms. Honda.

(2) This book is interesting to me.〔ほぼ同じ内容の文に〕

I'm ______ ______ this book.

(3) You can't use this room today.〔受け身の文に〕

This room ______ ______ used today.

(4) This picture was painted in 1990.〔下線部をたずねる疑問文に〕

______ ______ this picture ______?

\ヒント/

**1** (2)「〜に驚《おどろ》く」 (5)「〜に知られている」 (6) wood「木、木材」

**2** (1) wrote は write の過去形。 (3) by 以下は省かれる文になる。

裏面に続くよ

**3** 日本文に合うように、＿＿＿に適する語を書きましょう。 ［各６点×４問］

(1) この写真はパリでとられました。

This picture ＿＿＿＿ ＿＿＿＿ in Paris.

(2) これらの部屋は明日そうじされるでしょう。

These rooms ＿＿＿＿ ＿＿＿＿ ＿＿＿＿ tomorrow.

(3) 彼《かれ》の新しい家はどこに建てられたのですか。

＿＿＿＿ ＿＿＿＿ his new house built?

(4) この国では英語とフランス語が話されています。

English and French ＿＿＿＿ ＿＿＿＿ in this country.

**4** 日本文に合うように、（　　）内の語句を並べかえて、全文を書きましょう。 ［各７点×４問］

(1) この窓は開けてはいけません。

This window ( be / not / opened / must ).

＿＿＿＿＿＿＿＿＿＿＿＿＿＿＿＿

(2) いつこの本は書かれたのですか。

( written / was / this book / when )?

＿＿＿＿＿＿＿＿＿＿＿＿＿＿＿＿

(3) 新しいパンダが来年その動物園で見られるでしょう。

( will / a new panda / at the zoo / seen / be ) next year.

＿＿＿＿＿＿＿＿＿＿＿＿＿＿＿＿

(4) あなたはどこで生まれましたか。

( were / you / born / where / ? )

＿＿＿＿＿＿＿＿＿＿＿＿＿＿＿＿

＼ヒント／

**3** (2) will を使う受け身の文に。 (3) 疑問詞で始まる疑問文。

**4** (1) must の受け身の否定文にする。 (4)「生まれる」をどう表すかを考える。

解答 ➔ P.102



何点とれた？

点

# 65 前置詞①

月　日

★ **時を表す前置詞**

**before…「～の前に」**　**after…「～のあとに」**

**at, on, in…「～に」**　at＋時刻、on＋日付・曜日、in＋週・月・季節・年など

**for, during…「～の間」**　for＋時間・日数など、during＋特定の期間

**until…「～まで（ずっと）」**〈継続〉　**by…「～までに」**〈期限〉

★ **場所を表す前置詞**

**at, in…「～に〔で〕」**　at＋比較的狭《ひかくてきせま》い場所、in＋比較的広い場所

**on, above, over…「～の上に」**

on は接して「～の上に」、above は「～の上方に」（⟷ below「～の下方に」）、over はおおいかぶさるように「～の上に」（⟷ under「～の下に」）

**near…「～の近くに」**　**by, beside…「～のそばに」**

★ **方向を表す前置詞**

**to…「～へ」**〈到達点《とうたつてん》〉　**for…「～へ向かって」**〈目的地〉

**into…「～の中へ」**（⟷ out of「～から外へ」）

**through…「～を通り抜《ぬ》けて」**

**1** （　　）内から適する語を選んで、○でかこみましょう。

(1) I was born ( on / in ) May 14 ( on / in ) 2010.

(2) What did you do ( for / during ) your visit to London?

(3) There is a picture ( on / below ) the wall.

(4) I'm going to stay in Kyoto ( for / during ) a week.

(5) Friday comes ( before / after ) Saturday.

(6) Look at the clouds ( over / under ) the mountain.

(7) Come here ( by / until ) five o'clock

□ cloud［クラウド］雲　□ o'clock［オクラック］～時

解答 ➔ P.103

7問中　　問

# 66 前置詞②

月　日

★前置詞をふくむ連語

| | | | |
|---|---|---|---|
| at first | 最初は | at last | ついに |
| at once | すぐに | between A and B | AとBの間に |
| for example | たとえば | in front of ～ | ～の前に |
| of course | もちろん | on the right[left] | 右〔左〕側に |
| on time | 時間どおりに | in time | 間に合って |
| get on[off] ～ | ～(乗り物)に乗る〔降りる〕 | get to ～ | ～に着く |
| look for ～ | ～をさがす | hear from ～ | ～から便りをもらう |
| help ～ with ... | ～の…を手伝う | take care of ～ | ～の世話をする |

**1** 次の英文を日本文になおすとき、(　　) 内に適する日本語を書きましょう。

(1) Did he get to the station on time?

彼《かれ》は (　　　　　　　　　　　　　　　　　　　　　　　　)。

(2) What are you looking for here?

あなたはここで (　　　　　　　　　　　　　　　　　　　　　　)。

(3) We have to take care of elderly people.

私たちはお年寄りの人たちの (　　　　　　　　　　　　　　　　)。

**2** (　　) 内の日本語を参考にして、＿＿＿に適する前置詞を書きましょう。

(1) Can you help me ＿＿＿＿ my homework? (～を手伝う)

(2) Nagoya is ＿＿＿＿ Tokyo and Osaka. (東京と大阪の間に)

(3) ＿＿＿＿ last they won the game. (ついに)

(4) There is a park in front ＿＿＿＿ the station. (駅の前に)

(5) I was ＿＿＿＿ time for the last train. (終電に間に合った)

(6) ＿＿＿＿ course I'll help you. (もちろん)

□ elderly［エルダリィ］年配の　□ won［ワン］win (勝つ) の過去形

解答 → P.103



何問できた?

9 問中　　問

# 67 会話表現①

月　日

★ 体調など

What's the matter (with you)? / What's wrong? どうしたのですか。

I feel sick. 気分が悪いです。 / I have a headache. 頭痛がします。

That's too bad. それはいけませんね。 / Take care. お大事になさって。

★ 電話で

This is ～. こちらは～です。 / Is this ～? そちらは～さんですか。

Can I speak[talk] to ～? ～さんをお願いします。

I'll call back later. あとでかけなおします。

You have the wrong number. 番号をまちがっています。

## 1 次の英文を日本文になおすとき、(　　) 内に適する日本語を書きましょう。

(1) I feel sick.

私は (　　　　　　　　　　　　　　　　　　　　)。

(2) Can I speak to Aya?

アヤさん (　　　　　　　　　　　　　　　　　　)。

## 2 (　　) 内の語を並べかえて、正しい英文にして全文を書きましょう。

(1) ( too / that's / bad / . )

(2) What's ( you / matter / the / with )?

(3) I'll ( later / call / back / . )

解答 ➔ P.103



何問できた?

5 問中　　　問

# 68 会話表現②

月　日

★ **買い物**

May[Can] I help you? 〈店員が〉いらっしゃいませ。

How about ～? ～はいかがですか。 / How much ～? ～はいくらですか。

Can I try ～ on? ～を試着してもいいですか。 / I'll take it. それを買います。

I'm just looking, thank you. 見ているだけです、ありがとう。

★ **道案内**

How can I get to ～? ～へはどう行けばいいですか。 / Go straight. まっすぐ行って。

You'll see[find] ～ on your right[left]. 右〔左〕側に～が見えます。

I'm sorry, I'm a stranger here. すみません、ここは不案内なところでして。

**1** 次の英文を日本文になおすとき、(　　) 内に適する日本語を書きましょう。

(1) I'm just looking, thank you.

(　　　　　　　　　　　　　　)、ありがとう。

(2) You'll see the store on your left.

その店は (　　　　　　　　　　　　　　)。

**2** (　　) 内の語句を並べかえて、正しい英文にして全文を書きましょう。

(1) ( I / it / try / can ) on?

..............................................................................

(2) How ( the shopping mall / can / get / I / to )?

..............................................................................

(3) ( is / how / T-shirt / much / this / ? )

..............................................................................

□ shopping mall　ショッピングモール　□ T-shirt[ティーシャート] Tシャツ



何問できた?

5問中　　問

UNIT 11 前置詞・会話表現

# 69 確認問題11

うでだめし やってみよう

表裏10分!

月　日

**1** (　　) 内から適する語を選んで、○でかこみましょう。　［各4点×6問］

(1) Do you see a painting ( on / at ) the wall?

(2) I didn't like him ( on / at ) first.

(3) What time did you get ( to / on ) the station?

(4) These flowers open ( on / in ) spring.

(5) Can you finish this work ( by / until ) tomorrow?

(6) I'm going to stay here ( for / during ) a month.

**2** 次のようなときどう言えばよいか、＿＿＿に適する語を書きましょう。　［各6点×4問］

(1) 電話に出た人にミユさんと話したいことを伝えたいとき。

Can I ＿＿＿ ＿＿＿ Miyu?

(2) 電話をかけてきた人にまちがい電話であることを伝えたいとき。

You ＿＿＿ the wrong ＿＿＿.

(3) 店員にこのぼうしをかぶってみてもいいかたずねたいとき。

Can ＿＿＿ try this hat ＿＿＿?

(4) 電話の相手に、あとでかけなおすと伝えたいとき。

I'll ＿＿＿ ＿＿＿ ＿＿＿.

＼ヒント／

**1** (2)「最初は」 (3)「〜に着く」 (5)「〜までに」(期限) (6)「1か月間」

**2** (3) かぶってみる＝「試着する」。 (4)「(電話を)かける」はcallを使う。

裏面に続くよ

## 3 日本文に合うように、＿＿＿＿に適する語を書きましょう。　［各 6 点 × 4 問］

(1) このネコの世話をしてください。

Take care ＿＿＿＿＿＿ this cat, please.

(2) ついに彼《かれ》らはその仕事を終えました。

They finished the work ＿＿＿＿＿＿ ＿＿＿＿＿＿.

(3) あなたは何をさがしていたのですか。

What were you ＿＿＿＿＿＿ for?

(4) もちろんあなたとごいっしょします。

＿＿＿＿＿＿ ＿＿＿＿＿＿ I'll be with you.

## 4 日本文に合うように、(　　) 内の語句を並べかえて、全文を書きましょう。
［各 7 点 × 4 問］

(1) 彼の宿題を手伝ってはいけません。

( help / him / don't ) with his homework.

＿＿＿＿＿＿＿＿＿＿＿＿＿＿＿＿＿＿＿＿＿＿＿＿

(2) その神社の前に多くの木があります。

There are a lot of trees ( the shrine / of / in / front ).

＿＿＿＿＿＿＿＿＿＿＿＿＿＿＿＿＿＿＿＿＿＿＿＿

(3) 私はたとえば牛や馬のような大きな動物が好きです。

I like big animals — ( example / cows / and / for / , ) horses.

＿＿＿＿＿＿＿＿＿＿＿＿＿＿＿＿＿＿＿＿＿＿＿＿

(4) その列車は東京と秋田の間を走っています。

The train ( Tokyo / Akita / and / runs / between ).

＿＿＿＿＿＿＿＿＿＿＿＿＿＿＿＿＿＿＿＿＿＿＿＿

＼ヒント／

3 (3) 過去進行形の疑問文になるので注意。

4 (1) help のあとには人が、with のあとには手伝う内容がくる。　(3) コンマを忘れない。

解答 ➔ P.104



何点とれた？

点

最後の仕上げ！

# まとめテスト1

表裏10分！

月　　日

**1** ほぼ同じ内容を表すように、________に適する語を書きましょう。〔各8点×3問〕

(1) Let's go to the party tonight.

________ ________ go to the party tonight?

(2) My birthday is July 7.

I ________ ________ on July 7.

(3) I need some food.

I need something ________ ________.

**2** 〔　　〕内の指示にしたがって書きかえるとき、________に適する語を書きましょう。

〔各6点×4問〕

(1) Kate is fifteen years old. Amy is fifteen, too.

〔ほぼ同じ内容の1文に〕

Kate is ________ old ________ Amy.

(2) Reading many books is interesting.〔ほぼ同じ内容の文に〕

________ is interesting ________ ________ many books.

(3) People speak English in many countries.〔受け身の文に〕

English ________ ________ in many countries.

(4) He went <u>to the new park</u> yesterday.〔下線部をたずねる疑問文に〕

________ ________ he ________ yesterday?

\ヒント/

**1** (2)「誕生日は～」→「～に生まれた」　(3) 形容詞的用法の不定詞を使う。

**2** (1) 程度が同じであることを表す言い方。　(4) 下線部は場所を表している。went は過去形。



裏面に続くよ

## 3 日本文に合うように、______に適する語を書きましょう。 [各6点×4問]

(1) あなたは何のスポーツがいちばん好きですか。

What sport do you ______ ______ ______?

(2) アヤは泳ぐのがとても得意です。

Aya is very good ______ ______.

(3) あなたはそのとき何を書いていたのですか。

What ______ you ______ at that time?

(4) きっと彼女《かのじょ》は今日ここに来ると思います。

I'm ______ ______ she will come here today.

## 4 日本文に合うように、(　)内の語を並べかえて、全文を書きましょう。 [各7点×4問]

(1) この寺はいつ建てられましたか。

( was / temple / when / this / built / ? )

______________________________

(2) 私は来月京都と奈良を訪《おとず》れるつもりです。

( to / and / visit / I'm / Kyoto / Nara / going ) next month.

______________________________

(3) この本はあの本よりも有名です。

This book ( more / than / one / is / famous / that ).

______________________________

(4) あなたは今日早く寝《ね》る必要はありません。

You ( go / bed / to / to / don't / have ) early today.

______________________________

＼ヒント／

3 (1) 最上級の文。 (2) 動名詞を使う。 (4) 接続詞を使う。

4 (1) 疑問詞で始まる受け身の疑問文。 (3) 比較級《ひかくきゅう》の文になる。

解答➜P.105



何点とれた？

点

# 71 最後の仕上げ！ まとめテスト2

表裏10分！

月　日

## 1 ほぼ同じ内容を表すように、______に適する語を書きましょう。〔各8点×3問〕

(1) I was sad when I heard the news.

I was sad ______ ______ the news.

(2) Andy is taller than Bob.

Bob ______ as ______ as Andy.

(3) What's your plan for tomorrow?

What are you ______ ______ do tomorrow?

## 2 〔　〕内の指示にしたがって書きかえるとき、______に適する語を書きましょう。〔各6点×4問〕

(1) I am a doctor. 〔「医者になりたい」という文に〕

I ______ ______ ______ a doctor.

(2) There are ten apples in the box. 〔下線部をたずねる疑問文に〕

______ ______ apples are ______ in the box?

(3) I think that Pennie is a kind girl. 〔下線部を過去形にして〕

I ______ that Pennie ______ a kind girl.

(4) We played tennis yesterday. We enjoyed it.

〔ほぼ同じ内容の1文に〕

We ______ ______ ______ yesterday.

＼ヒント／

1 (1) 不定詞を使う。 (2) 否定文になる。 (3) 未来を表す言い方を考える。

2 (2) 下線部は数を表している。 (4) 動名詞を使って表す。

裏面に続くよ

## 3 日本文に合うように、＿＿＿に適する語を書きましょう。 ［各 6 点 × 4 問］

(1) 私は次に何をすればよいのかわかりません。

I don't know ______ ______ ______ next.

(2) エミは私より多くの本を持っています。

Emi has ______ books ______ I have.

(3) この本は多くの人たちに愛されるでしょう。

This book ______ ______ ______ by a lot of people.

(4) 私はその本を辞書なしで読まなければなりませんでした。

I ______ ______ read the book without a dictionary.

## 4 日本文に合うように、（　　）内の語句を並べかえて、全文を書きましょう。 ［各 7 点 × 4 問］

(1) 私の弟はかなをすぐに読めるようになるでしょう。

My brother ( be / able / read / to / will ) *kana* soon.

______________________________

(2) 私の予定は京都に 1 週間滞在《たいざい》することです。

( is / to / in / plan / Kyoto / my / stay ) for a week.

______________________________

(3) この本とあの本ではどちらのほうが人気がありますか。

( more / popular / is / which ), this book or that one?

______________________________

(4) 秋には地面は多くの葉でおおわれます。

( is / with / the ground / covered ) a lot of leaves in fall.

______________________________

＼ヒント／

3 (1) 不定詞を使う。 (2) many の比較級《ひかくきゅう》は何か。 (4) have to を過去にする。

4 (1) will をどこに置くかに注意。 (2) 不定詞を補語として使う。 (4) by 以外の前置詞を使う受け身。

解答 ➔ P.105



何点とれた？

点

# 解答編

## UNIT 1 過去の文

### 1 一般動詞（規則動詞）の過去形

**1** (1) washed (2) looked
(3) studied (4) closed (5) cried
(6) wanted

**2** (1) We watched TV last night.
(2) Tom carried the big box yesterday.
(3) My uncle lived in Nara five years ago.

解き方

**1** (3)(5) y を i にかえて ed をつける。
(4) d だけをつける。

やりがちミス！
(3) ×studyed → ○studied
(5) ×cryed → ○cried

**2** いずれも（ ）内の語句は過去を表すもの。また、主語が３人称単数でも、現在の文のときのように形がかわることはない。
(2) carries を carried にする。原形は carry。
(3) lives を lived にする。原形は live。

### 2 一般動詞（不規則動）の過去形

**1** (1) ran (2) made (3) read
(4) ate (5) swam (6) saw

**2** (1) He taught English at a high school last year.
(2) We bought a lot of books yesterday.
(3) Jane went to the park many years ago.
(4) Mana came to my house yesterday evening.

解き方

**1** (1) u → a と変化。
(3) 発音には十分注意する。原形はリード [ri:d]、過去形はレッド [red] になる。

ここも大事！
過去を表す語句！
・「先〜」の意味を表すもの
last week（先週）/ last month（先月）/ last year（昨年）/ last Sunday（この前の日曜日）

### 3 一般動詞の過去の否定文

**1** (1) didn't eat (2) didn't read

**2** (1) He did not come to the event last month.
(2) We didn't take any pictures at the zoo.
(3) My brother didn't have a bike at that time.

解き方

**1** (2) もとの文の read は現在形ではなく過去形。主語が３人称単数なので、現在の文なら read に s がつく。

やりがちミス！
(1) didn't[did not] のあとには必ず動詞の原形。
didn't ×ate → ○eat

ここも大事！
some と any！
some は肯定文で使い、否定文では any を使って「１つも、１人も（〜ない）」の意味になる。
I have **some** pens in my bag.
（私はかばんに何本かのペンを持っています。）
I don't have **any** pens in my bag.
（私はかばんに１本もペンを持っていません。）

### 4 一般動詞の過去の疑問文

**1** (1) Did、help
(2) Did、write

**2** (1) Did / Yes / went
(2) Did / didn't / made

解き方

**1** (2) wrote は write の過去形である。

やりがちミス!

Didを使ったら、あとの動詞は原形に。
Did Yui ✕ helped → ○ help
Did she ✕ wrote → ○ write

❷ (1) 質問の文に yesterday があるので、過去の文。go の過去形は went。
(2) 質問の文に last night があるので、過去の文。make の過去形は made。

## 5 be 動詞の過去形

❶ (1) was (2) were (3) book
(4) Riku and Hina

❷ (1) We were twelve years old two years ago.
(2) Many people were in the sea this morning.
(3) My brother was very angry last night.

解き方

❶ (1) yesterday があるので、過去形の was。
(4) be 動詞が were なので、主語は複数の Riku and Hina。

❷ まず主語になる語句をさがし、それに合う be 動詞を続ける。
(2) 主語は Many people。be 動詞は were。

## 6 be 動詞の過去の否定文と疑問文

❶ (1) was not (2) were not
(3) wasn't

❷ (1) Was it (2) Were they

解き方

❶ 否定文は be 動詞のあとに not。
(3) 空所が 1 つなので、短縮形の wasn't を使う。

ここも大事!

否定文の very や so に注意!

not very ～は「あまり～ない」、not so ～は「そんなに～ない」の意味になる。
This book is not very difficult.
(この本はあまり難しくありません。)
Tom is not so tall.
(トムはそんなに背が高くありません。)

## 7 確認問題 1

❶ (1) made (2) was (3) got
(4) bought (5) swam (6) wrote

❷ (1) They didn't[did not] play tennis yesterday.
(2) We weren't[were not] in Hokkaido last week.
(3) Did they study English and math today?
(4) Was her new book very interesting?

❸ (1) Did、go (2) Did、meet[see]
(3) lived、studied
(4) didn't read

❹ (1) She wasn't so busy yesterday.
(2) Did you wash the dishes after dinner?
(3) Emma didn't go to Tokyo last year.
(4) Were the books very useful to you?

解き方

❷ (3) 一般動詞の過去の疑問文に。Did で始めて、動詞は原形にもどす。

❸ (3) study は y を i にかえて ed をつける。
(4) 空所が 2 つなので、did not の短縮形 didn't を使う。

❹ (1) be 動詞の過去の否定文になる。wasn't は was not の短縮形。

UNIT 2 過去の文のさまざまな用法

## 8 疑問詞 + 過去形①

❶ (1) Where、go (2) When、write

❷ (1) Who (2) When / washed
(3) Where / bought

解き方

❶ (1) 下線部は「病院へ」という場所を表すので、Where で始まる疑問文にする。
(2) 下線部は「先週」という時を表すので、When で始まる疑問文にする。

❷ (1) 答えの中心になるのは Mr. Nakamura。
(2) 答えの中心になるのは this morning（今朝）。
(3) 答えの中心になるのは in Kyoto。buy の過去形は bought。

## 9 疑問詞＋過去形②

**1** (1) What、see
(2) How many、have

**2** (1) How (2) What / washed
(3) How many / used

解き方

❶ (1) 下線部は「きみょうな虫」という人間以外のものを表すので、What で始まる疑問文にする。
(2) 下線部は「4（ひき）の」という数を表すので、How many で始まる疑問文にする。

❷ (1) 答えの中心になるのは walked。
(2) 答えの中心になるのは my bike and my father's car。
(3) 答えの中心になるのは ten。use の過去形は used。

## 10 過去進行形①

**1** (1) I was singing an English song then.
(2) We were listening to music after school.
(3) He was not making sandwiches in the kitchen.

**2** (1) was walking
(2) wasn't reading

解き方

❶ (3) not があるので否定文にする。not は be 動詞と～ing の間に入れる。

❷ (2) もとの文に didn't とあるので、過去進行形も否定文にする。空所が2つなので、was not の短縮形 wasn't を使う。

## 11 過去進行形②

**1** (1) Were they learning
(2) Were you having

**2** (1) What / playing
(2) Where
(3) How

解き方

❷ (1)「何を」ひいていたのかをたずねるので、What の疑問文。
(2) 場所を答えているので、Where の疑問文。
(3) 数を答えているので、How many の疑問文。

ここも大事！

疑問詞が主語になる疑問文と答え方！

疑問詞が主語になっている文には〈主語＋be 動詞.〉で答えるのがふつう。

**Who** was swimming with you?
— **Ken** was.
（だれがあなたと泳いでいましたか。
— ケンが泳いでいました。）

## 12 現在形と過去形①

**1** (1) ① 私の両親は有名な音楽家でした。
② 私の両親は今ロサンゼルスにいます。
(2) ① トムは今とてもいそがしいです。
② トムは先週とてもいそがしかったです。
(3) ① この犬は小さく、あの犬も小さいです。
② この犬は今大きいですが、昨年は小さかったです。

解き方

❶ (3) ① 前半後半とも「～は…です。」の文。② 前半は現在の文で、後半は過去の文。

## 13 現在形と過去形②

❶ (1) ① 私は毎日11時に寝ます。
② 私は3年ほど前はたいてい11時に寝ました。
(2) ① 彼女はたくさんの友人がいます。
② 彼女はたいてい教室で昼食を食べます。
(3) ① 月は地球のまわりをまわっています。
② 彼らは昨年長崎に引っ越しました。

解き方

❶ (2) ①「いる」という現在の状態。② この文の has (have) は「食べる」の意味。現在の習慣・反復的な動作を表している。

## 14 確認問題 2

❶ (1) was (2) were (3) has
(4) put (5) making (6) taking
❷ (1) Where did they play basketball?
(2) What were they singing on the stage?
(3) How many subjects did Riku study at school yesterday?
(4) Who played tennis here this morning?
❸ (1) were、doing (2) did、buy
(3) lives、teaches
(4) wasn't swimming
❹ (1) We were talking about our new teacher.
(2) Where did you wash your bike?
(3) How did you get this doll?
(4) How was the weather in Okinawa?

解き方

❶ (4) 一般動詞の過去の文。put の過去形は同じ形。
(5) 過去進行形の文。make は e をとって ing をつける。
❷ (1) 下線部は場所を表しているので、Where で始まる一般動詞の過去の疑問文を作る。
(2) What で始まる過去進行形の疑問文を作る。
(3) 下線部は数を表しているので、How many で始まる一般動詞の過去の疑問文を作る。
(4) 下線部は人が主語になっているので、Who で始まる疑問文を作る。Who をそのまま主語として使う一般動詞の過去の疑問文を作る。
❸ (3) 現在形の文。teach → teaches に注意。
(4) 空所が2つなので、was not の短縮形 wasn't を使う。過去進行形の否定文にする。
❹ (1) 過去進行形の文。talk about ～で「～について話す」。
(4) 過去の天気をたずねる文。

UNIT 3 There is[are] ～. の文

## 15 There is[are] ～. の文①

❶ (1) 私たちの町には、あります
(2) カップに、あります
❷ (1) There is a big apple in my bag.
(2) There is only one student in the classroom.

解き方

❶ 一般に人には「います」、人以外には「あります」を使う。
❷ (2) There is one student in the classroom. に only を加えたもの。

ここも大事!

only (～だけ) の位置に注意!
「(たった) ～だけ」の意味を表す only は数を表す語句の前に置く。
✕ There is one only student there.
○ There is only one student there.

## 16 There is[are] ～. の文②

❶ (1) その公園には、たくさんいます
(2) 5年前、大きな建物〔ビル〕がありました

❷ (1) There are ten books on the shelf.
(2) There was a small table in the kitchen.
(3) There were two good players on the team.

解き方

❷ (1) is が不要。books と複数なので、There are ～. の文になる。
(2) were が不要。table と単数なので、There was ～. の文になる。
(3) was が不要。players と複数形なので、There were ～. の文になる。on the team の on にも注意しておこう。

## 17 There is[are] ～. の否定文

❶ (1) 多くの部員はいません〔部員は多くはありません〕
(2) 雲が（1つも）ありませんでした

❷ (1) There is not a French dish on the menu.
(2) There was not much snow last year.
(3) There were no cars on the street yesterday.

解き方

❶ (1) not many ～で「（いることはいるが）多くはいない」ということ。数えられない名詞には many の代わりに much を使う。

❷ (2) There was much snow last year. を否定文にしたもの。
(3) 名詞（cars）の前に no を置いた否定文を作る。

やりがちミス！

(2) much はここでは形容詞なので名詞（snow）の前に置く。
There was not ✕ snow much
There was not ○ much snow ...

## 18 There is[are] ～. の疑問文

❶ (1) Is there
(2) Are there any

❷ (1) Were / were
(2) Is / there
(3) How many

解き方

❶ 疑問文は be 動詞を there の前に出す。

やりがちミス！

(2) 肯定文の some は疑問文ではふつう any に！
Are there ✕ some birds ～?
Are there ○ any birds ～?

❷ (1) onions と複数なので、Are か Were。最後の文が There was only one. と過去になっているので Were。
(2) a park と単数なので、Is か Was。2つ目の空所のあとに is があるので Is。
(3) 答えの文で about twenty と数を答えているので How many ～? の疑問文になる。

ここも大事！

数ではなく量をたずねる疑問文！

数えられる名詞について「いくつの」のようにその数をたずねるときは How many を使うが、「どれくらい（の量）の」とたずねるときは How much ～? を使う。数えられない名詞なので、How much のあとには s や es のつかない名詞が続く。

How much cheese is there in the fridge? ― There is some.
（冷蔵庫にはどれくらいチーズがありますか〔残っていますか〕。一少しあります。）

この答えの文のように、数えられない名詞にも some を使うことも覚えておこう。

## 19 確認問題3

❶ (1) is (2) is (3) are
(4) was (5) were (6) were

❷ (1) There were many cats under the tree.
(2) There are not[There aren't, There're not] any oranges in the box.
(3) Are there any tall trees in the schoolyard?
(4) How many paintings are there on the wall?

❸ (1) is、water
(2) were no[weren't any]
(3) How、books (4) were twelve

❹ (1) There are some big festivals here in summer.
(2) There is not a big hospital in this town.
(3) Are there any parks near the station?
(4) How many desks are there in this room?

**解き方**

❶ (2) some がついていても milk が数えられない名詞なので is。
(4) many years ago があり、tree が単数なので was。
(6) only があっても days が複数なので were。

❷ (1) cat を複数形にして、was も were に。
(2) 否定文では some は any にかえる。There are no oranges in the box. でもよい。
(3) 疑問文ではふつう some を any にかえる。
(4) 下線部は数を表しているので、How many で始まる疑問文にする。

❸ (1) no を使う否定文に。water は数えられない名詞なので複数形にすることはない。
(2) no と not の両方の否定文を作ることができる。
(4) 数字のあとの名詞を省略した形になる。

❹ (1) some big festivals の語順にも注意する。
(2) not は be 動詞のあと。
(3) 疑問文なので any が使われている。
(4) 数をたずねる疑問文になるので、How many のあとに desks を続ける。

UNIT 4 未来の文

## 20 be going to ～

❶ (1) am (2) going (3) to (4) are
(5) are

❷ (1) I'm going to buy a new bike tomorrow.
(2) They are going to visit Kyoto next Sunday.
(3) She's going to get up early tomorrow morning.

**解き方**

❶ やりがちミス！
(5) 主語は Ken and Yuna で複数。Yuna につられて is としないこと。
Ken and Yuna ✕ is ...
Ken and Yuna ○ are ...

❷ (3) she's は she is の短縮形。

**ここも大事！**

be going to ～は次の意味でも使われる！

be going to ～は、まわりの状況から、「～しそうだ、～になりそうだ」の意味でも使われる。
Look at the clouds. It's going to rain soon.
(あの雲を見て。じきに雨が降りそうだよ。)

## 21 be going to ～の否定文と疑問文

❶ (1) I'm not going
(2) aren't going
(3) Hana isn't going

❷ (1) Is Alex going to
(2) Are they going to

**解き方**

❶ (2) are not の短縮形 aren't を使う。
(3) is not の短縮形 isn't を使う。

やりがちミス！
(2) are not を入れると、going がなくなってしまう。
We ✕ are not to ...
We ○ aren't going to ...

❷いずれも be 動詞を主語の前に出す。

## 22 will

❶ (1) パーティーについてヒナと話すつもりです
(2) パーティーに来るでしょう

❷ (1) I will wash the plates after dinner.
(2) Leon will get up early tomorrow morning.
(3) The rugby game will be very exciting tomorrow.

**解き方**

❶ (1) この文の will は「～するつもりだ」という話者の意志を表している。
(2) この文の will は「～でしょう」という話者の推測を表している。ただし、前後関係で「彼女は明日の夕方パーティーに来るつもりです。」という意味になることもある。

❷ いずれも will のあとに動詞の原形を置く。
(3) be 動詞の原形は be になる。

**ここも大事!**

exciting と excited !

exciting は「(人を) わくわくさせるような、興奮させる (ような)」の意味で、主語には人はこない。excited は「(人が) わくわくして、興奮して」の意味で、主語には人がくる。

The game was very **exciting.**
(その試合はとてもわくわくさせてくれました。)
We were very **excited** at the game.
(私たちはその試合にとてもわくわくしました〔興奮しました〕。)

## 23 will の否定文と疑問文

❶ (1) will not visit
(2) won't come
(3) won't be

❷ (1) Will Ann go
(2) Will they visit

**解き方**

❶ (1) will のあとに not を置き、そのあとに動詞の原形を続ける。
(2)(3) will not の短縮形 won't を使う。なお、(3) の be動詞の原形の beにも注意しておく。また、won't の発音は [ウォウント] になることも覚えておこう。

❷ いずれも will を主語の前に出す。

## 24 現在形と未来形①

❶ (1) ① その芸術家は今とても有名です。
② その芸術家は1、2年でとても有名になるでしょう。
(2) ① すべての生徒が体育館にいます。
② 明日の朝はすべての生徒が体育館にいるでしょう。
(3) ① 私は今日の夕方の6時までにはここにもどって来ます。
② その迷い犬はまもなくここにもどって来るでしょう。

**解き方**

❶ (1) ② 未来の推測。will be は「～になる」という日本語をあてたほうがよい場合がある。
(3) ① 話者の意志を表している。
② 推測を表している。

## 25 現在形と未来形②

❶ (1) ① 彼女は毎日11時に寝ます。
② 彼女は今日10時に寝るでしょう。
(2) ① ボブが友だちと学校に向かっています。
② ボブは今日家で勉強するつもりです。
(3) ① 電車がホームを離れていきます [出発していきます] よ。
② この電車はあと10分で出発する予定です。

**解き方**

❶ (1) ① 現在の習慣を表す。
② 未来の推測。前後関係により「10時に寝るつもりです。」という日本文になることもある。
(2) ① 目の前に見えている現在進行形。
② be going to の未来の文。
(3) ① 目の前に見えている現在進行形。
② 近い未来を表す現在進行形。

## 26 確認問題 4

❶ (1) am　(2) next month　(3) goes
(4) will　(5) be　(6) They're

❷ (1) We will not[We won't, We'll not] have any guests tomorrow evening.
(2) Luke is not[isn't] going to leave this town next year.
(3) Is his brother going to walk to the library tomorrow?
(4) How many people is he going to meet there?

❸ (1) will be　(2) won't play
(3) I'm going to　(4) Is、going

❹ (1) What are you going to do here tonight?
(2) Where will she live in Australia?
(3) What time are you going to leave home?
(4) How will you go to the station tomorrow?

**解き方**

❶ (4) wills となることはない。
(5) be 動詞の原形は be。
(6) They だと be 動詞のない文になってしまう。

やりがちミス!

(5) It's going to ✕ is ...
It's going to ○ be ...
be 動詞の原形は be。

❷ (1) 否定文は will のあとに not。短縮形にも注意しておこう。また、否定文なので、some を any にすることを忘れないように。We will have no guests tomorrow evening. もよい。
(4) 下線部は数を表しているので、How many で始まる疑問文にする。

❸ (1) busy は形容詞なので、be 動詞が必要。

❹ (3) What time のあとに be going to の疑問文の語順を続ける。

UNIT 5 接続詞

## 27 and / but / or / so

❶ (1) ① 私は読書が好きで、(そして)私の姉〔妹〕も(読書が)好きです。
② 私は読書が好きですが、(しかし)私の姉〔妹〕は(読書が)好きではありません。
(2) ① ケンはとても背が高くて、天じょうにさわることができます。
② ケンはとても背が高く、それで〔だから〕天じょうにさわることができます。

❷ (1) Hurry up, or you will miss the train.
(2) Hurry up, and you can catch the train.

**解き方**

❶ (1) ① この and は「そして」の意味で、日本語では特に言い表さないこともある。なお、does は likes reading を表している。
② doesn't のあとには like reading が省略されている。
(2) ① この文の so は「とても、非常に」の副詞。
② この文の so は「だから、それで」の接続詞。

## 28 when / if / because など

❶ (1) because　(2) when　(3) until
(4) before　(5) after

❷ (1) When I was a child, I lived in Australia.
(2) I'll help you if you are busy this afternoon.
(3) I was very happy because I got a present.

ここも大事!

文の中の接続詞の位置!

when などの接続詞は、文のはじめにもあとにも置くことができる。文のはじめに置いたときは、ふつうコンマ(,)で区切る。
❷ (1) = I lived in Australia when I was a child.

## 29 that

**1** (1) think∧he / よい生徒だと思います〔思っています〕

(2) I∧that / (その)パーティーに来てくれたらいいなと思います〔来てくれること望みます〕

(3) I∧think / 彼はこのコンピュータを使うことができないと思います〔使うことができるとは思いません〕

**2** (1) Do you know that Ken is in America?

(2) I hear it will be rainy tomorrow.

**解き方**

❶ (1) thatはthinkのあと。thatは省略できるので、もとの文も正しい。

(3) thinkを否定する形になるので、don'tはthinkの前。

❷ (1) know that ～を使った疑問文。

(2) hear that ～の that を省略した文。

**ここも大事!**

接続詞thatを使うその他の動詞!

- **find** (that) ～ (～だとわかる)
- **say** (that) ～ (～と言う)
- **believe** (that) ～ (～と信じる)
- **feel** (that) ～ (～という気がする、～と感じる)

## 30 be 動詞 + 形容詞 ( + that) ～

**1** (1) ネコが突然死んだことを悲しんでいます

(2) 私のプレゼントを気に入ってくれてうれしいです

**2** (1) I'm sure that you'll enjoy this book.

(2) He is afraid that he will lose again.

(3) I'm sorry you can't come to the party.

**解き方**

❷ (3) be sorry that ～(～ということが残念だ)の that を省略した文。

**ここも大事!**

〈be 動詞 + 形容詞 ( + that) ～〉のその他の表現!

- be proud (that) ～
  (～ということを誇りに思う)
- be surprised (that) ～
  (～ということに驚く)
- be worried (that) ～
  (～ということを心配する)

## 31 確認問題 5

**1** (1) and (2) or (3) that
(4) until (5) or (6) rains

**2** (1) thought、was

(2) If、hurry

(3) sure that

(4) after

**3** (1) didn't、because (2) when、has

(3) sorry that

(4) sad that[because]

**4** (1) I was afraid that I was wrong.

(2) I hope we will be friends.

(3) Did you know that she had three dogs?

(4) I hear a lot of people will come to the party.

**解き方**

❶ (1)「あなたと私は」

(2)「本か(それとも)ノートか」

(3) know that ～「～ということを知っている」

(4)「彼がもどって来るまで(ずっと)」

(5)「さもないと電車に乗り遅れますよ」

(6) 条件や時を表すときは、未来のことでも現在形で表す。if は条件を表す。

❷ (1) 時制の一致で is も was にする。

(2)「もし～すれば」と言いかえられる。

(3)「きっと～だと思う」は be sure that ～。

(4) before と対になる接続詞は after。

❸ (3)「～ということをすまなく〔申し訳なく〕思う」は be sorry that ～。

(4)「～ということが悲しい」は be sad that ～。

❹ (2)(4) 接続詞 that が省略されている。

(4)「～するそうです」は「～だと聞いている」で表す。

## 32 不定詞の名詞的用法①

**1** (1) to go (2) read (3) to learn
(4) rain

**2** (1) I decided to buy a new computer.
(2) I hope to see you again.
(3) I would like to stay here.

解き方

**1**

やりがちミス!

(2) 主語が3人称単数でも、不定詞の動詞にsやesがつくことはない。
He likes to ×reads comic books.
He likes to ○read comic books.

**2** (1) decide to ～「～することに決める」
(2) hope to ～「～することを望む」
(3) would like to ～「～したいものだ」

ここも大事!

不定詞が目的語になる他の動詞!
・wish to ～ (～したいと思う〈want to ～〉より控えめな表現)
・love to ～ (～することが大好きだ)
・forget to ～ (～するのを忘れる)

## 33 不定詞の名詞的用法②

**1** (1) 英語をじょうずに話すことは
(2) 宇宙飛行士になることです

**2** (1) To get up early is good for you.
(2) My plan is to visit some museums in London.
(3) To go there alone is very dangerous.

解き方

**1** (2) 補語になる用法。to beは「～になること」の意味で使われることが多い。

**2** (1) To get up earlyは文の主語。
(2) to visit some museums in Londonが補語。
(3) To go there aloneが文の主語。

## 34 不定詞の副詞的用法①

**1** (1) 英語の教師になるために
(2) 美術を勉強するために

**2** (1) I went to the park to take pictures of flowers.
(2) I use a computer to enjoy the Internet.
(3) Shota is studying hard to be a doctor.

解き方

**1** (1) to be an English teacherがstudiedの目的を表している。
(2) to study artがwentの目的を表している。

## 35 不定詞の副詞的用法②

**1** (1) プレゼントをいただいて〔もらって〕
(2) 知らせ〔ニュース〕を聞いて悲しくなりました〔悲しかったです〕

**2** (1) I was surprised to know the fact.
(2) I'm happy to know that you're safe.
(3) Your mother will be angry to see your grade on the test.

## 36 不定詞の形容詞的用法①

**1** (1) 私を助けてくれる〔手伝ってくれる〕友人がたくさん
(2) することが何もありません〔しなければいけないことは何もありません〕

**2** (1) I have no money to buy the bike.
(2) I want something to drink.
(3) I don't have anything to say.

解き方

**2** (2) I want to drink something.のto drinkは名詞的用法の不定詞になる。意味はほぼ同じ。
(3) to say以下がanythingを修飾。I don't have to say anything.も正解だが、don't have toについては本書56ページを参照。

**ここも大事!**

❶ の(1)に関連して次のちがいに注意!

I have some friends to help me.
（私を助けてくれる友人が数人います。）
I have some friends to help.
（私には助けるべき〔助けないといけない〕友人が数人います。）

上の文では help するのは some friends であり、下の文では help するのは I になる。

## 37 不定詞の形容詞的用法②

❶ (1) すわる〔すわるための〕いすが
(2) 何かからい〔温かい〕食べ物が

❷ (1) He had no house to live in then.
(2) I want something cold to drink.
(3) I want someone to talk with.

**解き方**

❶ (2) 形容詞 hot の位置に注意。代名詞のあと、不定詞の前に置く。
❷ (2) 形容詞 cold は something のあと。
(3)「話す（ため）のだれか」と考える。

## 38 確認問題 6

❶ (1) like∧play　(2) is∧go
(3) here∧see
(4) something∧eat
(5) surprised∧hear
(6) started∧play

❷ (1) wants to be[become]
(2) something、eat
(3) to play
(4) to talk

❸ (1) nothing to　(2) to drink
(3) to do　(4) try to

❹ (1) When did it begin to rain?
(2) I want to go to the stadium to watch the soccer game.
(3) He had no time to help me.
(4) My mother uses this bike to go shopping.

**解き方**

❷ (2)「食べ物」→「何か食べるためのもの」と表す。
❸ (1) nothing を形容詞的用法の不定詞が修飾するようにする。
(2) something を形容詞的用法の不定詞が修飾するようにする。
(3) 目的を表す副詞的用法の不定詞を使う。
(4)「～しようとする」は try to ～。名詞的用法。
❹ (2)「～したい」は want to ～、「～を見るために」は to watch ～。
(3) no time を形容詞的用法の不定詞がうしろから修飾する形にする。

# UNIT 7 動名詞と不定詞

## 39 動名詞①

❶ (1) going　(2) Speaking
(3) taking
(4) saying

❷ (1) How about writing a letter to her?
(2) Ken isn't good at swimming.
(3) My hobby is collecting old stamps.

**解き方**

❶ (4) 前置詞（without）の目的語になる動名詞。

**やりがちミス!**
前置詞の目的語には原形や不定詞はとれない。
～ without ✕（to）say goodbye
～ without ○ saying goodbye

❷ (1) How about ～ing?「～するのはどうですか」

## 40 動名詞②

❶ (1) talking　(2) to go　(3) to call
(4) to see

❷ (1) I don't remember visiting the city.
(2) We enjoyed watching the game on TV.
(3) When did you finish reading the book?

解き方

❶ (1) stop の目的語は動名詞。stop to ～は「～するために立ち止まる」の意味になる。
(3) remember to ～で「(これから)忘れずに～する、～することを忘れない」。remember ～ing は「～したことを覚えている、～したことを思い出す」。この問題では tomorrow morning があるので、これからのことになるので、remember のあとは不定詞にする。

❷ (3) finish の目的語は動名詞。When で始まる過去の疑問文にする。

## 41 疑問詞＋to ～

❶ (1) この機械の使い方を〔どのようにこの機械を使えばよいかを〕
(2) どこに行けばよいかを

❷ (1) I want to know what to see in Kyoto.
(2) I'll tell him when to come here.
(3) Can you teach me how to play the guitar?

解き方

❶ (1) how to use ～は「～の使い方、～をどう使えばいいか」の意味。how to use ～が know の目的語になっている。
(2) where to goは「どこに行けばいいか」の意味。これが２つ目の目的語になっている。

❷ (1) know の目的語に what to see ～を使う。
(2) when to come here を２つ目の目的語に使う。
(3) how to play the guitar を２つ目の目的語に使う。

## 42 It is ... (for ―) to ～.

❶ (1) この川で泳ぐことは
(2) あなたが〔あなたにとって〕この質問に答えることは

❷ (1) It is fun to listen to music.
(2) It is interesting to watch the stars.
(3) It is important for you to meet the person.

解き方

❶ (1) It は形式主語で to swim ～を指す。
(2) for you は to answer ～の意味上の主語で「あなたにとって」の意味。

❷ いずれも It is で始まるので、to のあとにくる動詞の原形をまずさがそう。

ここも大事!

否定文にも慣れておこう！

It isn't easy for me to ride a bicycle.
(私が自転車に乗ることは簡単ではありません。)

## 43 確認問題 7

❶ (1) to go (2) saying
(3) watching
(4) to play (5) to be (6) coming

❷ (1) to hear
(2) difficult to
(3) to stay
(4) her when to leave

❸ (1) cold to drink (2) to visit
(3) how to (4) to finish

❹ (1) I have nothing to buy here.
(2) I would like to stay here.
(3) When did it begin to rain?
(4) It wasn't easy for me to read this book.

解き方

❶ (1) where to go「どこに行ったらよいか」
(3) stop ～ing「～するのをやめる」。この～ing は動名詞。
(5) 名詞的用法の不定詞。be 動詞の原形は be。

やりがちミス!

(2)(6) without、for はいずれも前置詞なので、あとには不定詞ではなく動名詞が続く。
... without ✕ to say ...
... without ○ saying ...

... for ✕ to come ...
... for ○ coming ...

❷ (2) 形式主語の It を使う文。
(3) decide は不定詞を目的語にとる動詞。

❸ (1) 〈-thing＋形容詞＋to ～〉の語順。
(3) 〈tell＋人＋疑問詞＋to ～〉の語順。

❹ (2) would like toはwant toのていねいな表現。
(4) It is ... for ― to ～. の過去の否定文。

## 44 may

1 (1) あなたの電話を使ってもいいですか
(2) 怒っているかもしれません

2 (1) She may be surprised to hear the news.
(2) May I ask your email address?
(3) She may not go out today.

**解き方**

1 (2) この文の may は推量を表している。「～かもしれない」の意味。

2 (1) may のあとには動詞の原形。be 動詞の原形は be。

**ここも大事!**

May I ～? に対する答え方！

May I ～? に対して、Yes, you may. / No, you may not. と答えると、目上の人が目下の人に話す感じになるので失礼になることがある。ふつうは本書51ページにあるような答え方をすることを覚えておこう。

## 45 must

1 (1) さわってはいけません
(2) 疲れているにちがいありません

2 (1) Must I finish the homework today?
(2) You must help your mother every day.
(3) This must be her new bag.

**解き方**

2 (3) This を主語にした「～にちがいない」という文を作る。

**ここも大事!**

must の文の書きかえに注意！

1 (1) = Don't touch my computer.
2 (2) = Help your mother every day.
(3) = I'm sure (that) this is her new bag.

## 46 Will you ～?

1 (1) 仕事を手伝ってくれませんか
(2) 食べませんか

2 (1) Will you open the windows?
(2) Will you wash my car for me?
(3) Will you have some tea?

**解き方**

2 (3)「～しませんか」の勧誘の文。勧誘のような文で、Yes の答えを期待するときは、疑問文でも any ではなく some を使うことも覚えておこう。

## 47 Shall I ～? / Shall we ～?

1 (1) 運びましょうか
(2) 踊りましょうか〔踊りませんか〕

2 (1) Shall I make dinner this evening?
(2) Shall we go to the library?
(3) What shall we do today?

**解き方**

1 (1) Shall I ～? は「(私が)～しましょうか」と相手に提案をする言い方。
(2) Shall we ～? は「私」を含む２人以上が「～しましょうか、～しませんか」と勧誘する言い方。

2 (3) What があるので、このあとに shall we ～を続ける形にする。What が do の目的語になる。

## 48 could / would / should

1 (1) すべきではありません
(2) 閉めていただけますか

2 (1) You should go to the hospital.
(2) What should we do now?
(3) Would you like something to eat?

**解き方**

1 (2) Could you ～? は Can you ～? のていねいな言い方。「～していただけますか」の意味。

2 (3) Would you like のあとに something を続ける。to eat は形容詞的用法の不定詞。

ここも大事！

よく使うその他の助動詞！

・used to ～（かつては～したものだ）
I used to walk my dog in the park.
（〈かつては〉私は公園に犬を散歩に連れて行ったものでした。）

## 49 have to / be able to

**1** (1) 終える必要はありません〔終えなくてもよいです〕
(2) 歌うことができますか〔歌えますか〕

**2** (1) I had to go to school last Sunday.
(2) He will have to leave his hometown.
(3) She was able to solve the problem.

解き方

**1** (1) don't[doesn't] have to ～は「～する必要はない、～しなくてもよい」の意味を表す。
(2) be able to ～の疑問文。

やりがちミス！

(1) must not ～は「～してはいけない」という禁止を表すが、don't have to ～は「～する必要はない」の意味。
✕ 終えてはいけません
○ 終える必要はありません

**2** (1) have to ～の過去の文。過去形は had。
(2) have to ～の未来の文。will のあとに have to を続ける。
(3) be able to ～の過去の文。be 動詞が過去形になっている。

## 50 確認問題 8

**1** (1) has (2) be (3) Shall
(4) Could (5) should not
(6) able to

**2** (1) don't have to (2) be able to
(3) Shall we (4) must not

**3** (1) I (2) may
(3) be (4) Would

**4** (1) I was not able to answer the question.
(2) What should we do next?
(3) Could you read this letter to me?
(4) Ms. Miller must be very busy at this time.

解き方

**1** (3)「～しましょうか」は Shall I ～?
(4) Could you ～? は「～していただけますか」の意味で、Can you ～? よりもていねいな言い方になる。
(6) can か be able to のどちらかにする。is があることに注意。

**2** (1)「～する必要はない」はdon't[doesn't] have to ～。
(2) will のあとに be able to を続ける。
(3)「～しましょう」を「～しませんか」の Shall we ～? で表す。
(4) 否定の命令文を、must not「～してはいけません」で表す。

**3** (1) May の代わりに Can を使うこともある。
(4)「～をいかがですか」は Would you like ～?。

**4** (3)「～していただけますか」とていねいに依頼するには、Could you ～? か Would you ～? で表す。

UNIT 9 比較の文

## 51 比較級（-er）

**1** (1) longer (2) happier
(3) taller (4) younger
(5) bigger (6) earlier

**2** (1) My father is taller than Ryota.
(2) Today is hotter than yesterday.
(3) This book is easier than that book.

解き方

**1** (1)(3)(4) er をつけるだけ。
(2)(6)〈子音字＋y〉で終わっているので、y を i にかえて er。
(5)〈短母音 (i)＋子音字 (g)〉で終わっているので、子音字 (g) を重ねて er。

やりがちミス！

(5) big や hot は er だけをつけがちなので注意する。

× biger　hoter

○ bigger　hotter

❷ (3) easy の比較級は easier。

ここも大事！

前に出た名詞を指す one！

❷(3)は、This book is easier than that one. とも表せる。同じ名詞のくり返しをさけることができる。

## 52 最上級（-est）

❶ (1) longest　(2) happiest

(3) tallest　(4) youngest

(5) biggest　(6) earliest

❷ (1) My father is the tallest in my family.

(2) This river is the longest in Japan.

(3) This book is the easiest of the five.

(4) This animal is the biggest of all.

解き方

❶ (2)(6)〈子音字＋y〉で終わっているので、y を i にかえて est。

(5)〈短母音 (i)＋子音字 (g)〉で終わっているので、子音字 (g) を重ねて est。

❷ 形容詞の最上級の前の the は省略はできない。

(3) of the five などの数字のあとに名詞を続けることもある。ただし、この文では books であることが明らかなので必要はない。

(4)「すべての中で、全員の中で」は of all とする。「彼ら〔それら〕すべての中で」というときは of them all とする。

ここも大事！

最上級のあとに名詞が続く！

〈主語＋be 動詞＋the＋最上級＋名詞＋in[of] ～.〉の形になることもある。

Tom is **the fastest runner** of us all.

（トムは私たち全員の中でいちばん速いランナーです。）

## 53 more、most / 副詞の比較

❶ (1) Aya can run faster than Emi.

(2) Dan gets up the earliest in his family.

(3) This song is more popular than that one.

(4) His first book is more famous than his second one.

(5) This question is the most important of all.

解き方

❶ (1) 副詞 fast の比較級は faster。

(2) 副詞 early の最上級は earliest。副詞の最上級の前の the は省くこともある。したがって、the がなくても正解。

(3) popular の比較級は more popular。

(4) famous の比較級は more famous。

(5) important の最上級は the most important。important は形容詞なので、最上級の前の the を忘れないように。

## 54 as ～ as ... の文

❶ (1) I am as old as Takuya.

(2) Tom gets up as early as his mother.

(3) Kyushu is not as large as Hokkaido.

❷ (1) higher than

(2) run faster than

解き方

❶ (1) old は as と as の間に入る。old は形容詞。

(2) early は as と as の間に入る。early は副詞。

(3) large は as と as の間に入る。large は形容詞。

やりがちミス！

(1)～(3) 形容詞や副詞は as と as の間に入る。

× as as old[early, large] ～

○ as old[early, large] as ～

❷ この書きかえは重要。よく出題される。

(1)(2)「A は B ほど～ない」→「B は A より～だ」と考える。(2)は、than のあとに I や me を置くこともできる。

ここも大事!

主語が否定語の比較の文！

No one can run faster than Ken in my school.
（私の学校でケンより速く走れる人はいません。）
No one can run as fast as Ken in my school.
（私の学校でケンほど速く走れる人はいません。）
= Ken can run the fastest in my school.
（ケンは私の学校でいちばん速く走ることができます。）

## 55 不規則な比較級・最上級

**1** (1) 私のものよりもよいです
(2) 最も多くの本を持っています

**2** (1) Aya speaks English better than I do.
(2) Ms. Hara is the best teacher in our school.
(3) I like dogs better than cats.

解き方

**1** (1) この better は good の比較級。比較の対象になっているのは「私のコンピュータ」なので、1語で表すと「私のもの」= mine になる。
(2) この most は数えられる名詞の前について「(数が) 多い」の意味の many の最上級。

**2** (3) like ～ better than ... の文。

ここも大事!

原級・比較級・最上級を使った慣用表現！

・as ～ as possible[... can]（できるだけ～）
Come here as soon as possible[you can].（できるだけ早くここに来なさい。）
・more than ～（～以上）
He has more than one hundred books.（彼は100冊以上の本を持っています。）
・at least ～（少なくとも～）
〈least は little の最上級〉
He has at least one hundred books.
（彼は少なくとも100冊の本を持っています。）

## 56 疑問詞で始まる比較の文

**1** (1) ピザとラーメンではどちらのほうが好きですか
(2) いちばん〔最も〕高い山は何

**2** (1) Which is larger, this park or that one?
(2) What is the smallest bird in the world? / What bird is the smallest in the world?
(3) Who is the busiest person in your family?

解き方

**1** (1) Which が like の目的語。この文に答えるには次のようにふつう better を省かない。
I like pizza[*ramen*] better.

**2** (1) this park の前にコンマ ( , ) を忘れない。
(3) 疑問詞 Who を主語として使う。

## 57 確認問題 9

**1** (1) happier (2) fastest
(3) better (4) largest
(5) more beautiful (6) best

**2** (1) as tall as (2) better than
(3) best of (4) as long

**3** (1) more、than
(2) the best (3) like、better than
(4) more

**4** (1) Who is the best singer of the five?
(2) He will be able to run as fast as Taku.
(3) Which is more interesting, this book or that one?
(4) Tokyo is the biggest city in Japan.

解き方

**1** (1) y を i にかえて er をつける。
(2) the と in があるので最上級に。この fast は副詞。
(3) than があるので比較級に。well は不規則に変化する。

(6) good の最上級は best。to solve ～は形容詞的用法の不定詞。

❷ (1)「…と同じくらい～」の as ～ as … で表す。
(2) well（よく）の比較級 better を使う。
(3) all animals は複数を表すので of を使う。
(4)「AはBより長い」→「BはAほど長くない」と考える。

❸ (1) many の比較級は more。
(2) good（じょうずな）の最上級は best。
(3)「…よりも～のほうが好きだ」は like ～ better than …。
(4)「もっと」は形容詞 much の比較級 more で表す。

❹ (1) best（good の最上級）は名詞 singer の前に。
(2) 副詞 fast を as ～ as … の文に使う。
(3) interesting の比較級は more interesting。

## UNIT 10 受け身の文

### 58 受け身の文の現在形

**1** (1) eaten (2) found (3) built
(4) written (5) given (6) made

**2** (1) English is taught by Ms. Sano.
(2) A lot of animals are seen in the zoo.
(3) Kyoto is visited by many people every year.

解き方

❶ (1) 過去形は ate。(4) 過去形は wrote。(5) 過去形は gave。これ以外は過去形と過去分詞は同じ形。

❷ (1) teach の過去分詞は taught。
(2) see の過去分詞は seen。

ここも大事!

by ～を省く受け身の文！

❷ (2)では行為者の by ～が示されていないが、示されなくても「(動物園へ)来る人＝来園者」とわかるから。次のような文も見ておこう。

English is spoken around the world.
（英語は世界中で話されています。）
〔話すのは「人々」とわかる〕
Books are borrowed from the library.
（本は図書館から借りられます。）
〔借りるのは「来館者」とわかる〕

### 59 受け身の文の過去形

**1** (1) 今朝そうじされました
(2) 昨日公園で見られました〔見かけられました〕

**2** (1) This picture was painted by Ami last week.
(2) These books were written many years ago.
(3) Breakfast was made by my sister this morning.

解き方

❶ (2) seen は see（見える）の過去分詞。過去形は saw。

❷ (2) were のあとに過去分詞。written は write の過去分詞。過去形は wrote。
(3) was のあとに過去分詞。made は make の過去分詞。過去形も made。

ここも大事!

目的語が2つある文の受け身の文！

He gave me a present.
（彼は私にプレゼントをくれました。）
2つの目的語を主語にした2とおりの受け身の文ができる。
・人を主語にした受け身の文
I was given a present by him.
（私は彼からプレゼントをもらいました。）
・ものを主語にした受け身の文
A present was given (to) me by him.
（プレゼントが彼から私に与えられました。）
ただし、buy や make などの動詞は、人を主語にした受け身の文を作ることはできない。

### 60 受け身の否定文

**1** (1) 使われていません
(2) 何も書かれていませんでした

**2** (1) This car is not made in Japan.
(2) This song is not loved by young people.
(3) Nobody was seen in the park last night.

解き方

❶ (2) 否定語が主語の過去の文。written は write の過去分詞。過去形は wrote。

❷ (2) 過去分詞のあとに by young people を置く。
(3) nobody や nothing は単数あつかいにするので、be 動詞には is か was を使うことも覚えておこう。

## 61 受け身の疑問文

❶ (1) Is、cleaned (2) Is、written
❷ (1) Was / it (2) Were / weren't
(3) Where / seen

解き方

❷ ふつうの疑問文か疑問詞の疑問文かをまず考える。
(1) 答えの was や疑問文の last year から、過去の疑問文だとわかる。
(2) 答えの last Sunday から過去だとわかり、these pictures と複数なので Were となる。
(3) near the park は場所を表していることから考える。

ここも大事!

What ～や How many ～で始まる疑問文！

次のような疑問詞で始まる疑問文とその答え方も覚えておこう。

・What language **is spoken** in this country?
— French is.
(この国では何語が話されていますか。
— フランス語です。)

・How many people **were invited** to the party?
— About fifty people were.
(パーティーには何人の人が招待されましたか。— 約50人です。)

## 62 助動詞がある受け身の文

❶ (1) 多くの人々に読まれるでしょう
(2) 使われなければなりません〔使わなければなりません〕
❷ (1) Dinner will be cooked by Ami this evening.
(2) This door can't be opened by small children.
(3) This book must be returned to the library.

解き方

❶ (1) This book is read ... を will の受け身の文にしたもの。
(2) This computer is used ... を must の受け身の文にしたもの。助動詞のある受け身の文を日本語にするときは、ふつうの文に訳すと日本語らしくなることが多い。

❷ 以下の部分が〈助動詞＋be＋過去分詞〉になっている。
(1) will be cooked
(2) can't be opened
(3) must be returned

## 63 その他の受け身の文

❶ (1) いつ生まれましたか
(2) 石でできています
❷ (1) He is known to many people in this town.
(2) The top of the mountain is covered with snow.
(3) Butter is made from milk.

解き方

❶ (2) 見て何からできているかわかる材料には of、一見してわからない原料には from を使う。

❷ (1) be known to ～で「～に知られている」。
(2) be covered with ～で「～でおおわれている」。
(3) be made from ～で「～から作られる」。

## 64 確認問題10

❶ (1) spoken (2) at (3) read
(4) were (5) to (6) made
❷ (1) was written by
(2) interested in
(3) can't[cannot] be
(4) When was、painted
❸ (1) was taken
(2) will be cleaned
(3) Where was
(4) are spoken
❹ (1) This window must not be opened.
(2) When was this book written?
(3) A new panda will be seen at the zoo next year.
(4) Where were you born?

解き方

❶ (1) 主語が English なので is spoken になる。
(2) be surprised at ～で「～に驚く」。
(4) last week があるので、be 動詞は過去形にする。
(5) be known to ～で「～に知られている」。
(6) be made of ～で「～(材料)でできている」。

やりがちミス！
be 動詞があるからと言ってすぐに進行形と考えないこと。
(1) English is ✕ speaking ～
English is ○ spoken ～

❷ (1) もとの文の動詞が wrote と過去形なので、受け身の文の be 動詞も過去形にする。
(2)「AはBにとって興味深い」→「BはAに興味がある」と考える。
(4) 下線部は時を表しているので、When のあとに受け身の疑問文の語順を続ける。
❸ (1)「(写真を)とる」の take の過去分詞は taken。
(4) 主語が English and French で複数になるので、be 動詞には are を使う。
❹ (1)〈must not be＋過去分詞〉の語順になる。
(2) 疑問詞 When で始まる疑問文を作る。
(3)〈will be＋過去分詞〉の語順になる。
(4) be born で「生まれる」の意味。Where のあとに疑問文の語順を続ける。

## UNIT 11 前置詞・会話表現

### 65 前置詞①

❶ (1) on、in (2) during (3) on
(4) for (5) before (6) over
(7) by

解き方

❶ (1) 日付の前には on、年の前には in。
(2) 特定の期間の前には during。
(3)「壁に」のように接している状態にあれば on。「天井に」も on the ceiling とする。
(4) 時間や日数の期間を表す語句の前には for。
(5) 金曜日は土曜日の「前」か「あと」か。
(6)「(おおうように)～の上方に」は over。under は「～の下に」の意味。
(7) by は「～までに」という期限を表し, until[till] は「～まで(ずっと)」という継続を表す。

やりがちミス！
(1) May (5月) は月だが、May 14 (5月14日) は日付になるので、in ではなく on。
✕in May 14 ○on May 14

ここも大事！
その他の重要な前置詞！
・from「～から」〈出身など〉
・by「～で」〈交通手段など〉
・with「～といっしょに」「～を使って」
・for「～にとって」、「～のために」
・in「(～語)で、(時間の経過)～後に」

### 66 前置詞②

❶ (1) 時間どおりに駅に着きましたか
(2) 何をさがしているのですか
(3) 世話をしなければなりません
❷ (1) with (2) between (3) At
(4) of (5) in (6) Of

解き方

❶ (1) get to ～で「～に着く」、on time で「時間どおりに」。
(2) look for ～で「～をさがす」。
(3) take care of ～で「～の世話をする」。
❷ (1) help ～ with ... で「～の…を手伝う」。
(2) between ～ and ... で「～と…の間に」。
(3) at last で「ついに、とうとう」。
(4) in front of ～で「～の前に」。
(5) in time (for ～) で「(～に)間に合って」。
(6) of course で「もちろん」。

ここも大事！
その他の重要な連語！
・be proud of ～ 「～を誇りに思う」
・by the way 「ところで」
・arrive at[in] ～ 「～に着く」
・look forward to ～ 「～を楽しみに待つ」
・write to ～ 「～に手紙を書く」

### 67 会話表現①

❶ (1) 気分が悪いです
(2) をお願いします〔と話したいのですが〕
❷ (1) That's too bad.
(2) What's the matter with you?
(3) I'll call back later.

解き方

❶ (2) 電話で話したい人を伝える表現。
❷ (1) 相手を気の毒に思うときの表現。
(2) 相手の具合をたずねるときの表現。
(3) 電話をかけなおすと伝えるときの表現。

ここも大事!

その他の表現！

●体調に関する表現！

・You don't look well.
（顔色がよくありませんね。）

・I have a cold.（かぜをひいています。）

●電話に関する表現！

・Speaking.（私です。）

・Hold on, please.
（そのままお待ちください。）

・Can I take a message?
（伝言をおあずかりしましょうか。）

## 68 会話表現②

❶ (1)（私は）見ているだけです
(2)（あなたの）左側〔左手〕に見え（てき）ますよ

❷ (1) Can I try it on?
(2) How can I get to the shopping mall?
(3) How much is this T-shirt?

解き方

❶ (1) 店員の手助けが不要なとき、まだ買うつもりのないときの表現。

❷ (1) 何か試着したいときの表現。目的語が it や them のような代名詞のときは try it[them] on の語順になる。また、くつ (shoes) や指輪 (ring) などにも使うことができる。
(2) 目的地に行く方法・道をたずねる表現。
(3) 店員に値段をたずねる表現。

ここも大事!

その他の表現！

●買い物に関する表現！

・It's too small[big] for me.
（それは私には小さすぎ〔大きすぎ〕ます。）

・What color would you like?
（どんな色がお望みですか。）

・Show me another one, please.
（ほかのを見せてください。）

●道案内に関する表現！

・Can you tell me the way to the station?
（駅へ行く道を私に教えてくれませんか。）

・Change trains at the second station.
（２つ目の駅で乗り換えてください。）

・His house is next to[across from] the library.
（彼の家は図書館のとなり〔向かい〕にあります。）

## 69 確認問題11

❶ (1) on　(2) at　(3) to
(4) in　(5) by　(6) for

❷ (1) speak[talk] to
(2) have、number
(3) I、on
(4) call back later

❸ (1) of　(2) at last
(3) looking　(4) Of course

❹ (1) Don't help him with his homework.
(2) There are a lot of trees in front of the shrine.
(3) I like big animals — for example, cows and horses.
(4) The train runs between Tokyo and Akita.

解き方

❶ (1)「壁に」は on the wall。
(2)「最初（のうち）は」は at first。
(3)「〜に着く」は get to 〜。
(4) 季節の前には in。
(5)「明日までに」という期限は by。until は「〜まで（ずっと）」の意味。
(6) 期間を表す語句の前には for。during は特定の期間に使う。

❷ (1) to の代わりに with でもよい。
(2) a ではなく the を使うことに注意。
(3) on は名詞 hat のうしろに置く。
(4) later は文末に置く。

❸ (1)「〜の世話をする」は take care of 〜。
(2)「ついに」は at last。
(3)「〜をさがす」は look for 〜。
(4)「もちろん」は of course。

❹ (1)「〜の…を手伝う」は help 〜 with …。
(2)「〜の前に」は in front of 〜。
(3)「たとえば」は for example。
(4)「〜と…の間」は between 〜 and …。

## 70 まとめテスト1

❶ (1) Shall we
(2) was born
(3) to eat

❷ (1) as、as　(2) It、to read
(3) is spoken　(4) Where did、go

❸ (1) like the best[most]
(2) at swimming
(3) were、writing
(4) sure that

❹ (1) When was this temple built?
(2) I'm going to visit Kyoto and Nara next month.
(3) This book is more famous than that one.
(4) You don't have to go to bed early today.

**解き方**

❶ (1) Let's ～.、Shall we ～? ともに誘う言い方になる。
(2)「私の誕生日は～」→「私は～に生まれた」と考える。
(3)「食べ物」→「何か食べるもの」と考える。

❷ (1) 同じ15歳であることから考える。
(2) 形式主語の It を使う。
(3) 受け身の文に。
(4) 下線部は場所を表しているので、Where のあとに一般動詞の過去の疑問文の語順を続ける。went の原形は go。

❸ (1)「～がいちばん好きだ」は like ～ the best。
(2) be good at ～ing で「～するのが得意だ」。swimming と m を重ねることに注意。
(3) 過去進行形。write の ing 形は writing。
(4)「きっと～だと思う」は be sure (that) ～。

❹ (1) 疑問詞で始まる過去の受け身の疑問文。
(2)「～するつもりだ」は be going to ～。
(3) more は famous の前に置く。
(4)「～する必要はない」は don't have to ～。

## 71 まとめテスト2

❶ (1) to hear　(2) isn't、tall
(3) going to

❷ (1) want to be[become]
(2) How many、there
(3) thought、was
(4) enjoyed playing tennis

❸ (1) what to do
(2) more、than
(3) will be loved
(4) had to

❹ (1) My brother will be able to read *kana* soon.
(2) My plan is to stay in Kyoto for a week.
(3) Which is more popular, this book or that one?
(4) The ground is covered with a lot of leaves in fall.

**解き方**

❶ (1)「～して」という原因を表す副詞的用法の不定詞を使う。
(2)「AはBよりも背が高い」→「BはAほど背が高くない」と考える。
(3)「明日の計画は？」→「明日は何をするつもりか？」と考える。

❷ (1)「～になりたい」は want to be[become] ～。
(2) 下線部は数を表しているので、How many で始まる疑問文にする。
(3) 時制の一致で、is も was にする。
(4) enjoy ～ing「～して楽しむ」と動名詞を使って表現する。

❸ (1)〈疑問詞＋to ～〉の形に。
(2) この more は many の比較級。
(3) 助動詞の受け身の文。〈will be＋過去分詞〉の形になる。
(4)「～しなければならなかった」は have to の have を過去形にする。

❹ (1) will のあとに be able to ～を続ける。will can のように助動詞を2つ続けて使うことはできない。
(2) 補語に名詞的用法の不定詞を使う。
(3) popular の比較級はその前に more を置く。
(4)「～でおおわれる」は be covered with ～で表す。

# 英文和訳

すべての問題を解き終えたら、
和訳⇒英訳にチャレンジ!
単元の仕上げに、ノートに書いてみよう!

## 1 一般動詞(規則動詞)の過去形

❶(1) 洗う (2) 見る (3) 勉強する (4) 閉める
(5) 泣く (6) ほしい

❷(1) 私たちはテレビを見ます。→ 私たちは昨夜テレビを見ました。
(2) トムはその大きな箱を運びます。→ トムは昨日その大きな箱を運びました。
(3) 私のおじは奈良に住んでいます。→ 私のおじは5年前に奈良に住んでいました。

## 2 一般動詞(不規則動詞)の過去形

❶(1) 走る (2) 作る (3) 読む (4) 食べる
(5) 泳ぐ (6) 見る、会う

❷(1) 彼は高校で英語を教えます。→ 彼は昨年高校で英語を教えていました。
(2) 私たちはたくさんの本を買います。→ 私たちは昨日たくさんの本を買いました。
(3) ジェーンはその公園へ行きます。→ ジェーンは何年も前にその公園へ行きました。
(4) マナは私の家に来ます。→ マナは昨日の夕方私の家に来ました。

## 3 一般動詞の過去の否定文

❶(1) 私は今朝朝食を食べました。→ 私は今朝朝食を食べませんでした。
(2) ケンは昨日この本を読みました。→ ケンは昨日この本を読みませんでした。

❷(1) 彼は先月その行事に来ませんでした。
(2) 私たちは動物園で写真を1枚もとりませんでした。
(3) そのころ兄〔弟〕は自転車を持っていませんでした。

## 4 一般動詞の過去の疑問文

❶(1) ユイは今朝、お母さんを手伝いました。→ ユイは今朝、お母さんを手伝いましたか。
(2) 彼女はこの本を書きました。→ 彼女はこの本を書きましたか。

❷(1)「あなたは昨日電車で学校に行きましたか。」「はい、行きました。私は昨日エミといっしょに電車で学校に行きました。」
(2)「あなたのお姉さん〔妹さん〕はこの人形を昨夜作りましたか」「いいえ、作りませんでした。彼女はそれを先月作りました。」

## 5 be動詞の過去形

❶(1) 私は昨日いそがしかったです。
(2) あなたは先週具合が悪かったです。
(3) その本はとても役に立ちました。
(4) リクとヒナは昨夜の夕食後、ひまでした。

❷(1) 私たちは2年前は12歳でした。
(2) 今朝多くの人たちが海にいました。
(3) 私の兄〔弟〕は昨夜とても怒っていました。

## 6 be動詞の過去の否定文と疑問文

❶(1) その男性は私にとても親切でした。→ その男性は私にあまり親切ではありませんでした。
(2) その新しいゲームはとてもおもしろかったです。→ その新しいゲームはあまりおもしろくありませんでした。
(3) 私は昨年カナダにいました。→ 私は昨年カナダにいませんでした。

❷(1) 昨日は雪が降っていました。→ 昨日は雪が降っていましたか。
(2) 彼らはそのとき台所にいました。→ 彼らはそのとき台所にいましたか。

## 7 確認問題1

❶(1) リアムは昨日夕食を作りました。
(2) 私は先週ひまでした。
(3) 私たちは昨日9時に駅に着きました。
(4) 私の父は2年前に新しい車を買いました。
(5) 彼らはこの前の日曜日に海で泳ぎました。
(6) 原さんは昨年2冊の本を書きました。

❷(1) 彼らは昨日テニスをしました。→ 彼らは昨日テニスをしませんでした。
(2) 私たちは先週北海道にいました。→ 私たちは先週北海道にいませんでした。
(3) 彼らは今日英語と数学を勉強しました。→ 彼らは今日英語と数学を勉強しましたか。
(4) 彼女の新しい本はとてもおもしろかったです。→ 彼女の新しい本はとてもおもしろかったですか。

## 8 疑問詞+過去形①

❶(1) カイトは今日病院に行きました。→ カイトは今日どこへ行きましたか。
(2) サチは先週この物語を書きました。→ サチはいつこの物語を書きましたか。

❷(1)「だれがこの本を書きましたか。」「中村さんが書きました。」
(2)「あなたはいつこの自転車を洗いましたか。」「今朝洗いました。」
(3)「あなたはこの新しい人形をどこで買いましたか。」「京都で買いました。」

## 9 疑問詞+過去形②

❶(1) 彼は庭できみょうな虫を見ました。→ 彼は庭で何を見ましたか。
(2) 彼らはそのころ4ひきのネコを飼っていました。→彼らはそのころ何びきのネコを飼っていましたか。

❷(1)「あなたは今日どのようにして駅へ行きました

か。」「そこへ歩いて行きました。」
(2)「あなたは今朝何を洗いましたか。」「自分の自転車と父の車を洗いました。」
(3)「あなたはあの絵に何色使いましたか。」「10色使いました。」

## 10 過去進行形①

❶(1) 私はそのとき英語の歌を歌っていました。
(2) 私たちは放課後音楽を聞いていました。
(3) 彼は台所でサンドイッチを作っていませんでした。
❷(1) 私は歩いて学校に行きました。→ 私は学校に歩いて行くところでした。
(2) 私は新聞を読みませんでした。→ 私は新聞を読んでいませんでした。

## 11 過去進行形②

❶(1) 彼らはそのとき宇宙について学んでいました。→ 彼らはそのとき宇宙について学んでいましたか。
(2) あなたは昨夜の8時ごろ夕食を食べていました。→ あなたは昨夜の8時ごろ夕食を食べていましたか。
❷(1)「あなたはそのときステージで何をひいていましたか。」「私はピアノをひいていました。」
(2)「生徒たちはそのときどこで走っていましたか。」「校庭です。」
(3)「何人の生徒がそのとき走っていましたか。」「50人の生徒たちが走っていました。」

## 14 確認問題 2

❶(1) 私はそのとき音楽を聞いていました。
(2) 私たちは先月ロンドンにいました。
(3) 彼女は新しいコンピュータを持っており、毎日それを使っています。
(4) レンはそのペンを1時間前に箱の中に入れました。
(5) 彼女はそのとき人形を作っていました。
(6) 彼は昨夜10時にシャワーを浴びていました。
❷(1) 彼らは体育館でバスケットボールをしました。→ 彼らはどこでバスケットボールをしましたか。
(2) 彼らはステージで英語の歌を歌っていました。→ 彼らはステージで何を歌っていましたか。
(3) リクは昨日学校で5教科を勉強しました。→ リクは昨日学校でいくつの教科を勉強しましたか。
(4) エバとジョンは今朝ここでテニスをしました。→ だれが今朝ここでテニスをしましたか。

## 15 There is[are] ～. の文①

❶(1) 私たちの町には新しい図書館があります。
(2) カップにコーヒーが少しあります。
❷(1) 私のかばんには大きなリンゴが（1個）あります〔入っています〕。
(2) 教室にはたった1人の生徒しかいません〔たった1人だけ生徒がいます〕。

## 16 There is[are] ～. の文②

❶(1) その公園には子どもたちがたくさんいます。
(2) 5年前にここには大きな建物〔ビル〕がありました。
❷(1) たなの上に10冊の本があります〔本が10冊あります〕。
(2) 台所には小さなテーブルがありました。
(3) そのチームにはじょうずな選手が2人いました〔2人のじょうずな選手がいました〕。

## 17 There is[are] ～. の否定文

❶(1) 私たちのクラブには多くの部員はいません〔部員は多くはありません〕。
(2) 空には雲が（1つも）ありませんでした。
❷(1) そのメニューにはフランス料理は（1つも）ありません。
(2) 昨年は雪が多くはありませんでした〔あまり雪は降りませんでした〕。
(3) 昨日通りには車が（1台も）いませんでした。

## 18 There is[are] ～. の疑問文

❶(1) 池にたくさんの水があります。→ 池にたくさんの水がありますか。
(2) 木に何羽かの鳥がいます。→木に何羽かの鳥がいますか。
❷(1)「冷蔵庫にたくさんのタマネギがありましたか。」「いいえ、（たくさんは）ありませんでした。1個だけありました。」
(2)「あなたの家の近くに公園はありますか。」「はい、あります。それは美しい公園です。」
(3)「あなたの学校には何人の先生がいますか。」「約20人の先生がいます。」

## 19 確認問題 3

❶(1) テーブルの上にコップが1つあります。
(2) コップの中に牛乳が少しあります。
(3) 机の上に本がたくさんあります。
(4) 何年も前にここに高い木がありました。
(5) そのとき教室には数人の生徒がいました。
(6) 祭りまでたった5日間しかありませんでした。
❷(1) 木の下にネコが1ぴきいました。→ 木の下にたくさんのネコがいました。
(2) 箱にいくつかオレンジが入っています。→ 箱にはオレンジが1つも入っていません。
(3) 校庭には数本の高い木があります。→ 校庭には数本の高い木がありますか。
(4) 壁には3枚の絵がかかっています。→ 何枚の絵が壁にかかっていますか。

## 20 be going to ～

❶(1) 私は明日バドミントンをするつもりです。
(2) 彼は来週ここに滞在するつもりです。
(3) 彼はカフェで昼食を食べるつもりです。
(4) 私たちは銀座に買い物に行くつもりです。
(5) ケンとユナは5時にここで会うつもりです。
❷(1) 私は明日新しい自転車を買うつもりです。
(2) 彼らは次の〔今度の〕日曜日に京都を訪れるつもりです。

(3) 彼女は明日の朝早く起きるつもりです。

## 21 be going to ～の否定文と疑問文

❶(1) 私はコンサートで何曲か歌を歌うつもりです。→ 私はコンサートで1曲も歌を歌うつもりはありません。
(2) 私たちは明日野球をするつもりです。→ 私たちは明日野球をするつもりはありません。
(3) ハナは夕食後出かけるつもりです。→ ハナは夕食後出かけるつもりはありません。

❷(1) アレックスは今日の夕方私に電話をするつもりです。→ アレックスは今日の夕方私に電話をするつもりですか。
(2) 彼らはカナダで勉強するつもりです。→ 彼らはカナダで勉強するつもりですか。

## 22 will

❶(1) 私はあとでパーティーについてヒナと話すつもりです〔話します〕。
(2) 彼女は明日の夕方パーティーに来るでしょう。

❷(1) 私は夕食後にその皿を洗います〔洗うつもりです〕。
(2) レオンは明日の朝早く起きるでしょう。
(3) 明日のラグビーの試合はとてもわくわくさせてくれるでしょう。

## 23 will の否定文と疑問文

❶(1) 私は来週京都を訪れるつもりです。→ 私は来週京都を訪れるつもりはありません。
(2) 私たちは今日早く帰宅するつもりです。→ 私たちは今日早く帰宅するつもりはありません〔帰宅しないでしょう〕。
(3) 明日はくもりでしょう。→ 明日はくもりではないでしょう。

❷(1) アンはバスでスタジアムへ行くでしょう。→ アンはバスでスタジアムへ行きますか〔行くでしょうか、行くつもりですか〕。
(2) 彼らは日曜日に入院中の〔病院にいる〕トムを訪ねる〔見舞いに行く〕でしょう〔つもりです〕。→ 彼らは日曜日に入院中の〔病院にいる〕トムを訪ねる〔見舞いに行く〕でしょう〔つもりです〕か。

## 26 確認問題 4

❶(1) 私はロンドンに滞在するつもりです。
(2) 私たちは来月鎌倉を訪れるつもりです。
(3) 彼女は毎朝公園に行きます。
(4) 彼は明日友だちと勉強するでしょう。
(5) 明日は晴れるそうです。
(6) 彼らは駅で会うつもりです。

❷(1) 私たちには明日の夕方何人かゲストがあります。→ 私たちには明日の夕方1人もゲストがありません。
(2) ルークはこの町を来年去るつもりです。→ ルークはこの町を来年去るつもりはありません。
(3) 彼のお兄さん〔弟さん〕は明日歩いて図書館へ行くつもりです。→ 彼のお兄さん〔弟さん〕は明日歩いて図書館へ行くつもりですか。
(4) 彼はそこで3人の人に会うつもりです。→ 彼はそこで何人の人に会うつもりですか。

## 27 and / but / or / so

❷(1) 急ぎなさい、さもないと電車に乗り遅れますよ。
(2) 急ぎなさい、そうすれば電車に間に合いますよ。

## 28 when / if / because など

❶(1) 私は病気だったので〔具合が悪かったので〕家にいました。
(2) 私が家に着いたとき、雨が降っていました。
(3) 彼がもどるまでここで待ってもらえますか。
(4) 私は寝る前に音楽を聞きます。
(5) 宿題をしたあとに出かけなさい。

❷(1) 私は子どものとき、オーストラリアに住んでいました。
(2) もしあなたが今日の午後いそがしいなら、お手伝いしましょう。
(3) 私はプレゼントをもらってとてもうれしかったです。

## 29 that

❶(1) 私は彼はよい生徒だと思います。
(2) 私は彼女がパーティーに来てくれたらいいなと思います。
(3) 私は彼はこのコンピュータを使うことができないと思います。

❷(1) あなたはケンがアメリカにいることを知っていますか。
(2) 明日雨が降ると聞いています〔雨が降るそうです〕。

## 30 be 動詞＋形容詞（＋that）～

❶(1) ユウナは彼女のネコが突然死んだことを悲しんでいます。
(2) 私はあなたが私のプレゼントを気に入ってくれてうれしいです。

❷(1) きっとあなたはこの本を（読んで）楽しんでくれると思います。
(2) 彼はまた負けるのではないかと心配しています。
(3) あなたがパーティーに来られないことが残念です。

## 31 確認問題 5

❶(1) あなたと私は仲のよい友だちです。
(2) これは本ですか、それともノートですか。
(3) 私は彼がたくさんの本を持っていることを知っています。
(4) 私たちは彼がもどって来るまでテレビゲームをしました。
(5) もう家を出なさい、さもないと電車に乗り遅れますよ。
(6) 明日雨が降ったら、私は出かけません。

❷(1) 私は彼は新入生だと思います。→ 私は彼は新入生だと思いました。

(2) 急ぎなさい、そうすれば最終電車に間に合うでしょう。→ もし急げば、最終電車に間に合うでしょう。
(3) あなたはその映画が気に入るでしょう。→ あなたはその映画がきっと気に入ると思います。
(4) 食べる前に手を洗いなさい。→ 手を洗ったあとに食べなさい。

## 32 不定詞の名詞的用法①

❶(1) 私は動物園に行きたいです。
(2) 彼はマンガ本を読むのが好きです。
(3) 私たちは昨年、英語を学び始めました。
(4) 今しがた雨が降り始めました。
❷(1) 私は新しいコンピュータを買うことに決めました。
(2) 私はまたあなたに会うことを望みます〔会えたらいいなと思います〕。
(3) 私はここにいたいのですが。

## 33 不定詞の名詞的用法②

❶(1) 英語をじょうずに話すことは簡単ではありません。
(2) 私の夢は宇宙飛行士になることです。
❷(1) 早起きすることはあなたにとってよいことです。
(2) 私の計画はロンドンでいくつかの博物館を訪れることです。
(3) そこへひとりで行くことはとても危険です。

## 34 不定詞の副詞的用法①

❶(1) マユは英語の教師になるために一生けんめいに勉強しました。
(2) 私の姉は美術を勉強するためにパリへ行きました。
❷(1) 私は花の写真をとるために公園へ行きました。
(2) 私はインターネットを楽しむためにコンピュータを使います。
(3) ショウタは医者になるために一生けんめい勉強しています。

## 35 不定詞の副詞的用法②

❶(1) 私はすてきなプレゼントをいただいてとてもうれしいです。
(2) アミはその事故についての知らせ〔ニュース〕を聞いて悲しくなりました。
❷(1) 私はその事実を知って驚きました。
(2) 私はあなたが無事だと知ってうれしいです。
(3) あなたのお母さんは、あなたのテストの点数を見て怒るでしょう。

## 36 不定詞の形容詞的用法①

❶(1) 私には私を助けてくれる友人がたくさんいます。
(2) 私には今日することが何もありません。
❷(1) 私はその自転車を買うお金がありません。
(2) 私は何か飲むものがほしいです。
(3) 私には言うべきことは何もありません。

## 37 不定詞の形容詞的用法②

❶(1) 彼にはすわるいすがありませんでした。
(2) 私は何かからい〔温かい〕食べ物がほしいです。
❷(1) 彼にはそのとき住む家がありませんでした。
(2) 私は何か冷たい飲み物がほしいです。
(3) 私は話し相手〔いっしょに話すだれか〕がほしいです。

## 38 確認問題 6

❶(1) 私は友だちとサッカーをするのが好きです。
(2) 私の夢は月に行くことです。
(3) あなたは私に会うためにここに来たのですか。
(4) 私は昼食用に何か食べるものがほしいです。
(5) 私はそのニュースを聞いてとても驚きました。
(6) 私は10年前にピアノをひき始めました。
❷(1) 彼は野球の選手です。→ 彼は野球の選手になりたいと思っています。
(2) 私は何か食べ物がほしいです。→ 私は何か食べるためのものがほしいです。
(3) 彼は公園へ行きました。彼はそこでサッカーをしました。→ 彼はサッカーをしに公園へ行きました。
(4) 私は彼女と話したかったが、時間がありませんでした。→ 私には彼女と話す時間がありませんでした。

## 39 動名詞①

❶(1) 私は映画を見に行くのが好きです。
(2) フランス語を話すのは簡単ではありません。
(3) 私の趣味は写真をとることです。
(4) 彼女はさようならを言わないで部屋を去りました。
❷(1) 彼女に手紙を書くのはどうですか〔手紙を書いてみませんか〕。
(2) ケンは泳ぐのが得意ではありません。
(3) 私の趣味は古い切手を集めることです。

## 40 動名詞②

❶(1) 話すのをやめて私の言うことを聞きなさい。
(2) 私は今夜そのパーティーに行きたくありません。
(3) 明日の朝忘れずに私に電話しなさい。
(4) すぐにあなたにお会いできればいいですね。
❷(1) 私はその市を訪れたことを覚えていません〔思い出せません〕。
(2) 私たちはテレビでその試合を見て楽しみました。
(3) あなたはいつその本を読み終えましたか。

## 41 疑問詞 + to ～

❶(1) 私はこの機械の使い方を知りたいです。
(2) あなたは彼にどこに行けばいいかを言いましたか。
❷(1) 私は京都で何を見たらいいか知りたいです。
(2) 私は彼にいつここに来ればいいかを言うつもりです。

(3) 私にギターのひき方を教えてくれますか。

## 42 It is ... (for -) to ~.

❶ (1) この川で泳ぐことはとても危険です。
(2) あなたがこの質問に答えることは難しいですか。
❷ (1) 音楽を聞くことは楽しいです。
(2) 星を見ることはおもしろいです。
(3) あなたがその人に会うことは大切なことです。

## 43 確認問題7

❶ (1) 私は明日どこに行けばいいかわかりません。
(2) 彼女は何も言わずに部屋を出ました。
(3) テレビを見るのをやめてもう寝なさい。
(4) 私たちはテニスをするために公園へ行きました。
(5) あなたは将来何になりたいですか。
(6) 今日はパーティーに来てくださってありがとう。
❷ (1) そのニュースを聞いたとき私は驚きました。→ そのニュースを聞いて私は驚きました。
(2) このコンピュータを使うのは難しくありません。
(3) 私たちは東京に滞在しました。→ 私たちは東京に滞在することに決めました。
(4) 私はいつここを出発したらいいかたずねました。→ 私は彼女にいつここを出発したらいいかたずねました。

## 44 may

❶ (1) あとであなたの電話を使ってもいいですか。
(2) 私の母は今怒っているかもしれません。
❷ (1) その知らせを聞いて彼女は驚くかもしれません。
(2) あなたのＥメールアドレスをおたずねしてもいいですか。
(3) 彼女は今日外出しないかもしれません。

## 45 must

❶ (1) あなたは私のコンピュータにさわってはいけません。
(2) 彼は長く歩いたあとで疲れているにちがいありません。
❷ (1) 私は今日その宿題を終えなければなりませんか。
(2) あなたは毎日お母さんを手伝わなければなりません。
(3) これは彼女の新しいバッグにちがいありません。

## 46 Will you ~?

❶ (1) 今日私の仕事を手伝ってくれませんか。
(2) もっとケーキを食べませんか。
❷ (1) 窓を開けてくれませんか。
(2) 私のために私の車を洗ってくれませんか。
(3) 紅茶を飲みませんか〔紅茶はいかがですか〕。

## 47 Shall I ~? / Shall we ~?

❶ (1) 私がその重い箱を運びましょうか。
(2) パーティーでいっしょに踊りませんか。
❷ (1) 今晩私が夕食を作りましょうか。
(2) (いっしょに) 図書館へ行きましょうか〔行きませんか〕。
(3) (私たちは) 今日は何をしましょうか。

## 48 could / would / should

❶ (1) あなたはそのようなことをすべきではありません。
(2) ドアを閉めていただけますか。
❷ (1) あなたは病院に行くべきです〔行ったほうがいいです〕。
(2) 私たちは今何をすべきですか〔何をしたほうがいいですか〕。
(3) 何か食べるものはいかがですか。

## 49 have to / be able to

❶ (1) あなたは今日宿題を終える必要はありません。
(2) あなたはこの英語の歌を歌うことができますか。
❷ (1) 私はこの前の日曜日に学校へ行かなければなりませんでした。
(2) 彼は故郷を離れなければならないでしょう。
(3) 彼女はその問題を解くことができました。

## 50 確認問題8

❶ (1) 彼は今日田中さんに会わなければなりません。
(2) 彼はじょうずな野球選手にちがいありません。
(3) 今あなたをお手伝いしましょうか。
(4) 今夜私に電話していただけますか。
(5) あなたは今日そこへ行くべきではありません。
(6) 彼はとても速く走ることができます。
❷ (1) あなたは今日ここにいます。→ あなたは今日ここにいる必要はありません。
(2) ケンはじょうずに泳ぐことができます。→ ケンはじょうずに泳げるようになるでしょう。
(3) 博物館に行きましょう。→ 博物館に行きませんか。
(4) 今日外出してはいけません。

## 51 比較級 (-er)

❷ (1) 私の父は背が高いです。→ 私の父はリョウタよりも背が高いです。
(2) 今日は暑いです。→ 今日は昨日よりも暑いです。
(3) この本は簡単です。→ この本はあの本よりも簡単です。

## 52 最上級 (-est)

❷ (1) 私の父は背が高いです。→ 私の父は家族の中でいちばん背が高いです。
(2) この川は長いです。→ この川は日本でいちばん長いです。
(3) この本は簡単です。→ この本は (その) 5冊の中でいちばん簡単です。
(4) この動物は大きいです。→ この動物はすべての中でいちばん大きいです。

## 53 more、most / 副詞の比較

❶ (1) アヤは速く走ることができます。→ アヤはエミより速く走ることができます。
(2) ダンは早く起きます。→ ダンは家族の中でいちばん早く起きます。

(3) この歌は人気があります。→ この歌はあの歌よりも人気があります。
(4) 彼の最初の本は有名です。→ 彼の最初の本は2冊目の本よりも有名です。
(5) この問題は重要です。→ この問題はすべての中で最も重要です。

## 54 as ～ as ... の文

❶ (1) 私はタクヤと同じくらいの年齢です。
(2) トムはお母さんと同じくらい早く起きます。
(3) 九州は北海道ほど大きくありません。

❷ (1) 阿蘇山は富士山ほど高くありません。→ 富士山は阿蘇山よりも高いです。
(2) 私はタカシほど速く走ることができません。→ タカシは私よりも速く走ることができます。

## 55 不規則な比較級・最上級

❶ (1) あなたのコンピュータは私のよりもよいです。
(2) ダイキは私たち全員の中で最も多くの本を持っています。

❷ (1) アヤは私よりもじょうずに英語を話します。
(2) 原先生は私たちの学校でいちばんよい先生です。
(3) 私はネコよりも犬のほうが好きです。

## 56 疑問詞で始まる比較の文

❶ (1) あなたはピザとラーメンではどちらのほうが好きですか。
(2) 日本でいちばん高い山は何ですか。

❷ (1) この公園とあの公園とでは、どちらのほうが広い〔大きい〕ですか。
(2) 世界でいちばん小さな鳥は何ですか。 / 何の鳥が世界でいちばん小さいですか。
(3) あなたの家族の中でだれがいちばんいそがしい人ですか。

## 57 確認問題9

❶ (1) 私は昨日より今日のほうが幸せです。
(2) 彼はクラスでいちばん速く走ることができます。
(3) 彼女は私よりじょうずに歌います。
(4) これは市でいちばん大きい公園です。
(5) この絵〔写真〕はあの絵〔写真〕よりも美しいです。
(6) これはその問題を解決するための最良の方法です。

❷ (1) 私の身長は160 cm です。ケンの身長も160 cm です。→ 私はケンと同じ身長です。
(2) 私はヒルさんをよく知っています。→ 私は彼よりもヒルさんをよく知っています。
(3) 私はパンダが好きです。→ 私はすべての動物の中でパンダがいちばん好きです。
(4) この橋はあの橋より長いです。→ あの橋はこの橋ほど長くありません。

## 58 受け身の文の現在形

❷ (1) 英語は佐野先生によって教えられます。
(2) たくさんの動物が動物園で見られます。
(3) 京都は毎年多くの人々によって訪れられています。

## 59 受け身の文の過去形

❶ (1) 彼の部屋は今朝そうじされました。
(2) 何羽かのきみょうな鳥が昨日公園で見られました。

❷ (1) この絵は先週アミによって描かれました。
(2) これらの本は何年も前に書かれました。
(3) 今朝の朝食は私の姉〔妹〕によって作られました。

## 60 受け身の否定文

❶ (1) この部屋は今使われていません。
(2) その紙には何も書かれていませんでした。

❷ (1) この車は日本製ではありません。
(2) この歌は若い人たちに愛されていません。
(3) 昨夜公園ではだれも見かけられませんでした。

## 61 受け身の疑問文

❶ (1) この部屋は毎日そうじされています。→ この部屋は毎日そうじされていますか。
(2) この本はフランス語で書かれています。→ この本はフランス語で書かれていますか。

❷ (1)「横浜は昨年多くの人に訪れられましたか。」「はい、訪れられました。」
(2)「これらの写真は、この前の日曜日に長野でとられましたか。」「いいえ、とられていません。」
(3)「その鳥はどこで見られましたか。」「公園の近くで見られました。」

## 62 助動詞がある受け身の文

❶ (1) この本は多くの人たちに読まれるでしょう。
(2) このコンピュータは注意深く使わなければなりせん。

❷ (1) 今晩はアミによって夕食が作られるでしょう。
(2) このドアは小さな子どもたちが開けることはできません。
(3) この本は図書館へ返却されなければなりません。

## 63 その他の受け身の文

❶ (1) あなたはいつ生まれましたか。
(2) この橋は石でできています。

❷ (1) 彼はこの町の多くの人々に知られています。
(2) その山の頂上は雪でおおわれています。
(3) バターは牛乳から作られます。

## 64 確認問題10

❶ (1) 英語はオーストラリアで話されています。
(2) 私はその知らせ〔ニュース〕に驚きました。
(3) この本は世界中で読まれています。
(4) 彼らの何人かが先週そのパーティーに招待されました。
(5) 彼の名前は多くの日本人に知られています。
(6) この家は木でできています〔木造家屋です〕。

❷ (1) 本田さんがこの本を書きました。→ この本は本田さんによって書かれました。
(2) この本は私にとって興味深いです。→ 私はこ

の本に興味があります。
(3) 今日はこの部屋を使えません。→ この部屋は今日は使えません。
(4) この絵は1990年に描かれました。→ この絵はいつ描かれましたか。

## 65 前置詞①

❶ (1) 私は2010年の5月14日に生まれました。
(2) ロンドンを訪問している間にあなたは何をしましたか。
(3) 壁に絵が1枚かかっています。
(4) 私は1週間京都に滞在するつもりです。
(5) 金曜日は土曜日の前に来ます。
(6) 山の上方にある雲を見て。
(7) 5時までにここに来なさい。

## 66 前置詞②

❶ (1) 彼は時間どおりに駅に着きましたか。
(2) あなたはここで何をさがしているのですか。
(3) 私たちはお年寄りの人たちの世話をしなければいけません。
❷ (1) 私の宿題を手伝ってくれませんか。
(2) 名古屋は東京と大阪の間にあります。
(3) ついに彼らはその試合に勝ちました。
(4) 駅の前に公園があります。
(5) 私は終電に間に合いました。
(6) もちろん私はあなたを手伝います。

## 67 会話表現①

❶ (1) 私は気分[具合]が悪いです。
(2) アヤさんをお願いします。
❷ (1) それはいけませんね。
(2) (あなたは)どうされましたか。
(3) あとでかけなおします。

## 68 会話表現②

❶ (1) 見ているだけです、ありがとう。
(2) その店は左側に見えますよ。
❷ (1) それを試着してもいいですか。
(2) ショッピングモールへはどう行けばいいですか。
(3) このTシャツはいくらですか。

## 69 確認問題11

❶ (1) あなたは壁にかかっている絵が見えますか。
(2) 私は最初は彼が好きではありませんでした。
(3) あなたは何時に駅に着きましたか。
(4) これらの花は春に咲きます。
(5) あなたは明日までにこの仕事を終えることができますか。
(6) 私はここに1か月間滞在するつもりです。
❷ (1) ミユさんをお願いします〔ミユさんとお話ししたいのですが〕。
(2) 番号をまちがっています。
(3) このぼうしをかぶってみてもいいですか。
(4) あとでかけなおします〔折り返し電話いたします〕。

## 70 まとめテスト1

❶ (1) 今夜パーティーに行きましょう。→ 今夜パーティーに行きましょうか〔行きませんか〕。
(2) 私の誕生日は7月7日です。→ 私は7月7日に生まれました。
(3) 私は食べ物が必要です。→ 私は何か食べるものが必要です。
❷ (1) ケイトは15歳です。エイミーも15歳です。→ ケイトとエイミーは同い年です。
(2) たくさんの本を読むことはおもしろいです。
(3) 多くの国々で人々は英語を話しています。→ 英語は多くの国々で話されています。
(4) 彼は昨日その新しい公園へ行きました。→ 彼は昨日どこへ行きましたか。

## 71 まとめテスト2

❶ (1) 私はその知らせを聞いたとき悲しかったです。→ 私はその知らせを聞いて悲しかったです。
(2) アンディーはボブより背が高いです。→ ボブはアンディーほど背が高くありません。
(3) あなたの明日の予定は何ですか。→ あなたは明日何をするつもりですか。
❷ (1) 私は医者です。→ 私は医者になりたいです。
(2) 箱にリンゴが10個あります。→ 箱に何個のリンゴがありますか。
(3) 私はペニーは親切な少女だと思います。→ 私はペニーは親切な少女だと思いました。
(4) 私たちは昨日テニスをしました。私たちはそれを楽しみました。→ 私たちは昨日テニスをして楽しみました。